自己的力學

找到喜歡又做得好的事

著——洪瀞

目錄

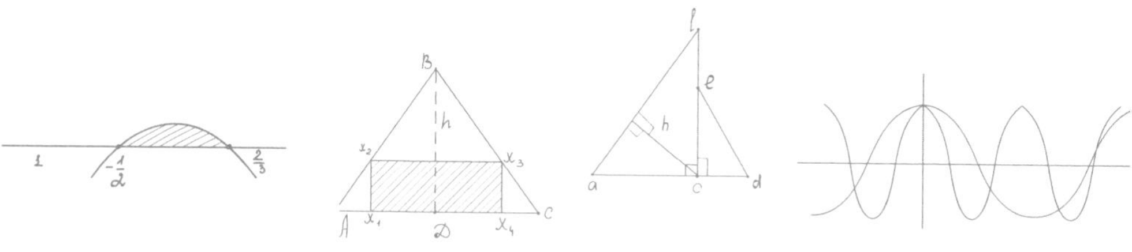

推薦序

觀人讀其心，冷眼品洪瀞

楊斯棓

聽幾位女性友人聊起三十五歲的洪瀞副教授時，眾人無不讚其美貌。我一看照片，絕不會假稱「還好」，因為他真的帥，在日劇裡絕不可能只扮演路人甲，在港劇裡則必定是大俠霍元甲。

在下並非母胎單身，由宅男直接走入婚姻，反之我有大量的交往、相親經驗，我完全清楚洪瀞的外貌較之一般平凡男子，在追求異性時，具備多大優勢。如此「質」男，只要在咖啡廳的紙巾上撇下自己電話，拿到紙巾的女生，縱使筆跡模糊難辨，都會立刻把可能的手機號碼逐一撥打，只求一親本尊。洪兄讓人津津樂道的當然不只是skin deep的beauty。

臺語有個詞彙叫山崩地裂（suann-pang-tē-lih），洪教授的研究專長正是山崩與地質災害及大地地震工程。

這本書洪兄依其物理專長，定調為一本「人生力學筆記」。十四歲負笈美國，二十八歲學成返國，這樣的人生經歷，讓我立刻思考五個面向的問題：

一、原生家庭。他和原生家庭的關係如何？他的父母是擅長傾聽的明主，還是獨裁暴君？

二、打工經驗。他有沒有打工過？如果有，他從事那些性質的打工？打工對他來說又是什麼意義？

三、醞釀友誼。友誼對他的人生意義是什麼？他的人生中有沒有一段由友誼所譜寫的動人故事？有沒有可能發生什麼大小意外，因而終結了這段友誼？如果發生了，又該怎麼辦？又能怎麼辦？

四、遇見愛情。如何遇見並經營愛情？在他身上，愛情又是怎麼發生的？他如何經營維繫跟對方的關係？

五、學業關卡。學業上有沒有並非一帆風順的時候？萬一有，他如何克服？

在這本書裡，幾乎都有答案，有時顯而易見，有時在字裡行間。而這五個問題，也是許多二、三十歲人的問題。

你的原生家庭如果都是成熟體貼的長輩，較之擅長情緒勒索者，身為前者的家庭成員，能安然帶著百分之百的ATP（即腺苷三磷酸，能量的基本單位）去面對下面四個問題，若不幸身為後者家中一員，心神可能被消耗到剩下一半的ATP，苟延殘喘的面對剩下四個問題。

如果打工的那一小時，可以學到超過窩在圖書館一小時的事情，我舉雙手贊成。如果翹課打工，期中考因此沒過，打工所得還不夠付暑修費，只是能搶在剛上市時先買一隻最新款iphone，其實也沒幹嘛，不過拿來玩些小遊戲，只為了在同儕間給人一個「他拿iPhone 12 Pro」的虛華形象，那真是何苦來哉？洪兄的打工選擇讓我吃驚，那是我覺得自己一輩子都無法勝任的打工選項。不過我想他深諳物理學原理，應該可以善用之，少費點力。

友誼的課題，我認為既重要又困難。研究成果達世界級水準的李遠哲院長，曾分享他在竹中念書時，交友對他來說是個困難課題。有一位也是新竹中學畢業的名人，某個小考試據說他贏了第二名很多分之後，下了一個註腳：「獅子不瞭解狗的悲哀」，你希望你的孩子也服膺這種價值嗎？這種價值，我看不到共好何在。

我回想成長的過程中，如果考試結果「考贏」別人，很多男生的動詞會用「幹掉」。如果你的孩子考第一名之後，聲稱自己幹掉全班了，而你的反應是幹得好，我覺得你們兩位的心都生病了，要找機會、找方法去洗滌、修復自己的心，跟自己和解。

洪兄年紀輕輕時負笈海外，曾有一段替全班義務製作補充教材的經驗，獲得意外讚美的美好回憶。為什麼被讚美？因為他做的事，讓全班同學都獲得一段重要知識，尋求共好。

考得好的人，選擇去幫忙困惑的人，這樣的價值，才是偉大、良善的。

成熟的人，是隨著年紀成為一個體貼的人，願意對人伸出援手，而交友的課題應該是學著跟欣賞我們的人誠心交友，遠離貶損我們，只想利用我們於一時的人，這遠遠不只是年輕時候的課題，而是一生的課題。

愛情這種東西，有人一輩子都沒遇過，有人比較晚遇到真愛，有人活到一把年紀，遇到誤以為是真愛的愛情騙子卻沒轍，一頭熱的臨老入花叢，最後被剝皮熬骨。

有幸遇到愛情，請你一定要呵護珍惜，除非你天生就是一隻花蝴蝶或是你熱中扮演唐璜一角。

學業上的關卡是一回事，突破學業關卡，仍要正確看待學業與工作的關係，才是個明白人。我長期持論也呼應洪兄所言：「我們也越來越難預測未來會有什麼樣的工作等著我們。」

如果你讀過《人生路引》而大呼過癮，我更推薦你讀《自己的力學：找到喜歡又做得好的事》，我絕對不敢說拙作《人生路引》是北極星，但洪瀞副教授真的像極了阿基米德，他的大作就是支點，可以讓你撬起自己的人生！

（本文作者為《人生路引》作者、醫師）

推薦序

阿基米德要的支點，你找到了嗎？

歐陽立中

我喜歡跟學生講道理，但有些道理講久了，就變成「老生常談」。像是你跟他們說要養成好習慣，因為「好習慣使人終身受益」。他們聽是聽了，但完全無感。所以，我開始研究道理要怎麼說，才能讓學生入耳動心。

後來我是這麼跟孩子談習慣的：「大家國中都有學過『摩擦力』吧！當物體受到外力時，就會產生『靜摩擦力』。而物體在被推動的瞬間，會產生『最大靜摩擦力』。緊接著，物體便開始移動了，此時的摩擦力就是『動摩擦力』。養成好習慣為什麼難？因為一開始你會有誘惑和藉口，那就是靜摩擦力。可是當你堅持下去，熬過最大靜摩擦力後。你會發現，此後這習慣內化成為你的生活，你不需要花太大力氣就能維持。為什麼呢？因為動摩擦力小於最大靜摩擦力。」

我看見孩子們嘴巴微張、眼神發亮，因為他們從來沒想過，原來「摩擦力」可以解釋「習慣」啊！從此我發現，人生道理不要用說的，要用科學去證明，更有說服力！但礙於我的科學能力只停留在國中程度，也再也證不出什麼人生道理了。直到讀了洪瀞教授的《自己的力學》，我情不自禁的大喊：「就是這個！就是這個！」因為洪瀞教授用「科學」與「故事」，為你重新開啟「人生之力」。

坦白說，最初知道洪瀞教授，可能跟你一樣，是從PTT表特版知道的：高顏值、高學歷、高水準。但讀著洪瀞教授的文字，我非常訝異，他自謙文筆不好，可是他的文章「言值」卻非常高啊！他的筆下，有科學的慎思明辨、亦有文學的理趣況味，你再也不會覺得科學與你無關。

他談「發現力」，用物理學者薛丁格的思想實驗出發，當貓被放在一個封閉的黑盒子，裡頭還有裝滿毒物的燒杯，好奇的貓咪會怎麼做呢？從科學的角度而言，在我們觀察這隻貓以前，牠處於一種存在亦不存在的狀態。但從人生的角度而言，每個人都有自己的黑盒子，若你沒有去觀察，就不會發現自己的能力。「普通人是放錯地方的天才，天才是放對地方的普通人。」洪瀞教授如是說，擲地有聲。

他談「準備力」，從「板塊學說理論」出發，先告訴你當板塊擠壓至變形臨界時，持續性的板塊聚合和擠壓，所累積的能量就會被釋放產生地震。接著他會帥氣的回眸一笑，問你：「你準備好要讓那些曾看輕你的人，感受強震了嗎？」那些能震盪江湖的高手，哪一個不是潛心修練、靜待時機呢？

他談「抗壓力」，從「壓力鍋」出發，告訴你「較大的壓力與溫度，才能逼出食材的美味和營養」。因此，你眼下面對的挫敗與痛苦，其實是美味食材啊！你不好奇會做出什麼樣的滿漢全席嗎？

阿基米德曾說：「只要給我一個支點，我就能舉起地球。」但他沒告訴我們，這個支點要上哪找。不過，我想我找到了，洪瀞教授《自己的力學》，就是那個支點。你要做的是，翻開這本書用心讀完。回頭發現，人生舉重若輕啊！

（本文作者為Super教師、暢銷作家）

們是否看過太多天才保送生，國中高中一路跳，到了大學就遜掉？

《三個傻瓜》是一個倒敘法，最後兩個好朋友加上一個討厭鬼，展開三人尋找藍丘的旅程。可以說這段旅程，其實就是找回學習最初的熱情，為何你要學習？學習到底帶來甚麼？這電影不就也是我們從離開學校之後，才重拾真正學習的態度？因為我們都離開了那些「被迫學習」的時光之後，才明白什麼是你心裡追求的疑問、好奇心。

受限於國人科舉制度底下培養出來的陳年學習史觀，其實我們只懂得被迫念書與死背，那些答案背後所連動的史觀、邏輯，卻是大家長期缺乏的訓練。洪博士這本書對我來說，他運用了自身所學的高專業知識，結合通俗白話語言，變成一篇篇能讓初階，或是正值學習起點的朋友們，成為很好的一道「力學」，進而變成「勵學」，你才懂為何成人世界說的「鼓勵學習」，如此空泛蒼白的口號，其實是很值得思考，如何「跨界學習」？成為你專業上的思考王者只是起點，能切換到不同學科、領域，才剛好是我們這個世代必要具備的「斜槓」態度。

書中另外提到的「懂王」，這樣的人物更是訓練我們多元思考的「三人行，必有我師」態度。其實你我身邊都有懂王，從親友同學之間，永遠都有這種人的存在，懂王可能真的是「略懂略懂」，但他們都會說得一副非常有自信，就算錯了你也覺得好像不該糾正他們。然而，懂王的存在，不就是對我們對於每門學科的絕佳隨堂抽考嗎？

過去嬰兒潮之後信奉的單一職場，能在同一個戰場上，以專情專心的武士道奉獻精神，對初始職業真愛不死，早就是千禧世代的童話故事了。

新世代需要具備的三頭六臂本領何其多？兩千年後出生的新新人類們如今都需要面對知識、資訊載體大幅爆炸的同時，還能夠找出屬於自己的溫柔熱情視野，無疑更加困難。

這本書除了讓我們看到洪教授到底有多帥之外（笑），也能窺探他從小留學生時期，如何克服生存與生活上的壓力，最終能激勵大家找回學習的初心。希望大家在閱讀這本書之後，能成為真正的懂王。

（本文作者為臺灣影評人協會理事長）

好評推薦

物理，可說是最強跨界學科，商業上有「系統動力學」，生活上有「人生力學」，洪瀞從科學、留學與教學的經驗中，悟出一套獨特的觀點，幫你找到一個支點，撬動你迷茫人生的大門，給你跨界的勇氣。

——生鮮時書創辦人／劉俊佑（鮪魚）

洪瀞老師是美國哥大博士、半導體工程師，卻放棄百萬年薪回臺任教，怎麼想似乎都是「不理性」的選擇，但聽完他對人生價值的思考，決心投入教育工作的堅持，反而慶幸有老師這種「理想性人格」，成為改變臺灣社會的新力量。

——《遠見》雜誌主編／謝明彧

序
為自己的人生寫下一本致勝筆記

你是否曾有過什麼夢想，又是否因為現實的種種因素，忘卻了這個夢想？

人類的記憶是短暫的、不可考的，你若願意跟隨這本書的腳步記錄下來，寫下一本屬於自己的人生力學筆記，在數年後翻開它時，你將感謝當時寫下筆記的自己，並從中獲得泉湧般的喜悅與能量。

當想起夢想時，就是你成長的時刻，而被喚醒的夢想，其實也早已跟著一起成長茁壯，所以學有所成，並非遙不可及。

堅忍的意志，克服了獨自在異鄉求學的孤寂

國三那年，我被「丟」到美國麻州。那時候的我，聽了感恩節的故事、探究了五月花號、思索印第安人的遭遇，上大學後，讀了《槍砲、病菌與鋼鐵》這本書，似乎才更能體會感恩節的由來與意義。

其實「麻州」也是我到美國第一個學到的英文單字，這是一個以印地安人部落名字來命名的州，英文讀作「麻薩諸塞州」（Massachusetts），位於美國東北部，原意是「一個很大的山坡地」，也是美國最古老、最具文化歷史的地區之一。初來乍到，我其實不認為自己已經來到了異鄉，那時我經常在清晨夢醒時，以為自己仍在故鄉的家裡，然而，眼前陌生的環境卻無時無刻提醒著自己：這裡不是我的家。

在美國念高中的第一年，我碰巧在影音出租店被《The Shawshank Redemption》（臺灣譯作《刺激1995》）給吸引，當下查了「Redemption」的意思，知道它意指「救贖」後，很快就把它租了回去。在這部電影當中，主角

即便身處逆境，依然不放棄希望，甚至還能拯救身旁的人們以及自己，如此堅忍的意志其實默默感動了當時的我。

想想從小在外求學的過程，每一日何嘗不是期待早日學成？越是這麼期盼，就越是督促自己透過一點一滴的努力，以及凝視遠方目標的精神，等待脫離異鄉那一天的到來。當時的我經歷過一段不知道是否能順利畢業的時期、懷疑自己是否根本不清楚如何做研究，也曾一度放棄過自我，想遠走法國，從擔任一名餐廳的學徒做起。如今，我以自己的興趣為業，在大學裡依靠教學、服務、研究而活。

回顧在海外的經歷，說長不長說短也不短，不過就十四、五年的光陰。這當中，我到了紐約，在這座城市戀愛、學習、跌倒，然後再爬起來。隨後，旅居過西雅圖、巴黎、里昂、京都、聖荷西，最後，依循自己的初心，回到了故鄉。

從小離鄉背井的我，在異鄉說著不道地的語言，吃著異地的食物，若問我成長的過程困難嗎？對於長期擔任「少數民族」或「游牧民族」的我會回答：「確實不容易，但實際走過一遭後，其實也沒有想像中的困難。」這一個過程中，有很多開心與難過的故事，而能改寫歷史的人永遠是明白自己的人生力學，並堅持到最後的人。

找到屬於自己的關鍵字

相信各位讀者第一眼看到書名時，《自己的力學：找到喜歡又做得好的事》，必定會抓到幾個關鍵字：「自己的力學」「喜歡又做得好的事」。

身為一名學者，在學術出版的世界裡，「關鍵字」的掌握與檢索非常重要：一來方便期刊編輯找到適合的文章檢閱人，二來讓讀者找到適合的文章。

近年來很受大家歡迎的「斜槓」，也是同樣的道理。我們或許會希望替自己和更多厲害的關鍵字或稱號產生連結。確實，如果要讓自己的光芒被看見，當然要好好經營屬於個人的獨特關鍵字。但過多的關鍵字，反而會讓別人眼花撩亂，模糊了你真正喜歡又能做得好的事。

近年來觀察到不少人，嘗試走在多才多藝的斜槓人生道路時，不小心陷入生存焦慮的陷阱之中。比如說學習了各個不同領域的知識、考取數張專業證照後，非但沒有拓寬自己前行的道路，反倒在這些證照成績中，迷失了自己真正喜歡的項目，又或者因著社會的期待，走上了不適合自己的方向。

你不需要急著成為一名多才多藝的斜槓青年。換句話說，你可以先專精於一項技能、一項符合自己的關鍵字，再從那件事出發，為自己加值擴充。這個關鍵字不需要多熱門，而是要貼切自己。一個引人注目的標題，往往不會是由數個重點組成，而是由一個核心關鍵字去延伸，我們熟悉的「力學機制」也是如此。

本書所說的「七大力學」包含了：「充實力」「發現力」「準備力」「抗壓力」「鼓舞力」「轉換力」「影響力」，每個力其實都與你我身旁的生活大小事息息相關，等待你用想像與之連結。

潛藏在古老智慧裡的道理

「力學」泛指「機制」，是藉由觀察物理與自然現象，推演出的一套規則道理。其實這種探究「機制」背後的智慧，在千年以前早已被記載，比如說上古三大奇書之一的《易經》，就是聖賢們透過與萬物間的相處，經由仔細的解讀，慢慢的理出特徵、規律與可循環再生的現象。

你也許聽過這句話：「一陰一陽之謂道。」這正是出自《易經》，「道」所指的其實也就是「機制」。或許你也聽過「天行健，君子以自強不息」「厚德載物」。《易經》裡的這些話，都是勉勵我們要和宇宙萬物一般運行不息，做多少努力就會有多少收穫，告訴我們凡事不以消極的態度面對，要有勇於承擔、奮發向上的精神，做一名能學習、接納與包容的人。

很難想像，不過就在一百多年前，牛頓闡述了「萬有引力」和「三大運動定律」，為當代的「力學機制」打下了科學基礎。不論這些故事來源的真偽，若當初牛頓被蘋果砸中後，僅埋怨自己被砸中的不幸，而不是探究為何「蘋果筆直的從樹上墜落下來」，我們可能還無法意識到「萬有引力」這個機制的作用；愛因斯坦亦熱中觀察、細究那些我們習以為常的生活大小事，從伯爾尼鐘樓那清脆悠揚的聲響中，他受了啟發，歸納出顛覆整個世代的「狹義相對論」。

所以，面對人生，你最不該忘記的就是「觀察能力」，尤其在這快速變遷的時代之中，只要意識到自己擁有無盡的發現力並喚醒它，你隨時都可以發現許多新奇有趣的現象，接下來，你可以拿起紙與筆或是手機，開始記錄與歸納。期待你建構出那些自己喜歡又做得好的事。

Chapter 1

充實力

跨域學習好處多，
除了能看到各領域之間的相似性，
也可以結交到不同領域的朋友。

提升學習速度，拓展自身視野

五、四、三、二、一、〇……轟隆隆！

發射時間一到，火箭在震耳欲聾的巨響中，急促的直衝雲霄之上。僅經過百秒左右，噴射的嗚響再也聽不到了，一百二十秒後，我們的肉眼再也不能捕獲它的身影。火箭為什麼能直衝天際，彷彿地球上的地心引力，對它起不了任何作用？這得從逃逸速度（Escape velocity）的觀念說起。

逃逸速度泛指「物體」擺脫巨大天體重力場（如地球、太陽）影響，所需要達成的最低速度。如果物體是從「地球」出發，只要讓自己達到「第一宇宙速度」，也就是每秒移動七．九公里的速度，我們就能像衛星般抵抗地心引力，在天上遨遊、永不墜落的繞行地球。如果想脫離地心引力的束縛，探訪月球或太陽系中的任一行星，只需要比「第一宇宙速度」再努力些，達到每秒十一．二公里的「宇宙第二速度」，就能和地球說再見[1]。

宇宙速度和人們學習、成長速度最相似的地方，就在於我們是否真的想要拓展更廣闊的視野，看到不一樣的風景。我們往往沒有意識到，必須提升自身的學習速度，才能脫離當前熟悉的環境。其實，只要能充分善用「想像力」及「聯想力」，我們的學習速度將如火箭升空般，急速飛上天際。

1　探索月球、火星、木星，甚至是太陽系裡最遠的海王星，都不是你的目的地？只要達到所謂的「宇宙第三速度」，也就是每秒十六．七公里的速度，你就能脫離太陽引力的作用，探索太陽系以外的宇宙。但壞消息是，在已知的現實中，我們目前仍在「宇宙第三速度」中掙扎。

善用「想像力」與「聯想力」，加速學習新語言

在日本擔任客座教授的期間，由於發現自己多出許多獨處的時光，因此有時間做個實驗，那就是——善用「想像力」和「聯想力」的記憶訓練。

學習五十音，並沒有想像中困難。只要願意反覆的練習，大部分都能在幾天內記住，並念出其發音。事實上，大部分的平片假名，還可以溯源至博大精深的漢字。因此懂中文的我們，其實只要透過一點「聯想力」，就可以很快的將日文五十音熟記。

舉一個例子，中文字的「以」是不是和日文的「い」長得很像？沒錯，它的念法也和中文的「以」非常相似。「ぬ」是不是和中文的「奴」很像呢？它的念法的確和「奴」非常接近。如果把「いぬ」合起來念，就是「犬」的意思。再聯想一下，想想一些很愛生氣的狗狗，他們是不是很「易怒」？這就是我有趣的學習經驗。

開始學習五十音的契機很單純：因為用得上。在京都大學擔任客座教

授時，我的生活周遭只有日文。在那樣的環境中，日文隨處都得派上用場，隨時都有機會刻意練習或複習；小到餐廳點餐，大至與日本朋友們的交談。在使用日文的過程中，一切似乎都變得相當有趣。尤其是日文的片假名系統，因為其大量使用了外來語以及英文單字；通常只要念得出來，就能大致猜出意思。舉例來說，走在街道上常能看到「ビル」。念法近似「壁爐」，其實就是從英文的「Building」而來。

京都大學災防研究所位於宇治校區，在JR的黃檗站旁；周邊著名的景點有平等院（世界遺產）、伏見稻荷大社（千本鳥居）、宇治上神社（日本最古老神社）、紫式部像（源氏物語作者）等等。如果說京都大學災防研究所位於最具日本風情的小鎮，一點都不為過。而若要深切感受這般濃厚的人文風情，就必須有足夠的想像力，光是熟知京都的發展歷史是不夠的。

回到我要說的，學日文其實不一定要置身在日本，畢竟大部分的人沒辦法一直住在那裡，但想像力可以幫助我們，甚至在任何狀況中都能派上用場。

三十秒內，過目不忘日本七曜日的順序

想像力的應用層面相當廣大，以下是「想像力」與「聯想力」的一個應用實例。讓我們一起透過這雙力，來記憶日本「七曜日」的順序。

關於五行，我們大多都聽過「金木水火土」這五種物質。古代哲學家善於藉由這五行的理論，透過相生相剋的關係，來詮釋世界萬物的形成與連結。但金木水火土這個順序，卻與日本七曜日的順序不一樣，因此很多人都記不太起來。

這時只要透過圖像的建構，並創造彼此間的關聯，在三十秒內記住七曜日順序，將變成一件非常輕鬆有趣的小事。

腦海裡試想這個畫面：星期日的夜晚，月亮高掛，我坐在和式房子的緣廊，當時天氣頗冷，所以在院子裡升起了一盆炭火，看見火光映照在水面，因為裝水的木杯鑲有金箔，兩者的色澤相映成趣。但是金箔卻沒黏好，掉到土地上了。

「日、月、火、水、木、金、土」，這就是日本週日至週六的七曜日。本來不是我們所習慣且非常難的順序，只要藉由想像力的應用，勾勒出一幅動態的畫面，就能迅速記起來。

為便於記憶理解，可以這樣想像：

一、日曜日與星期日的關係非常容易理解：「日曜日＝星期日」。

二、日之後，自然聯想到月：「月曜日＝星期一」。

三、月下有一盆火：「火曜日＝星期二」。

四、火映照在水面：「水曜日＝星期三」。

五、裝水的是木杯：「木曜日＝星期四」。

六、木杯鑲有金箔：「金曜日＝星期五」。

七、金箔從杯上掉到土地上：「土曜日＝星期六」。

這個發揮聯想的小技巧之所以能幫助記憶的關鍵在於，物件與物件之間有動態的連結、有畫面的場景和有故事的臨場感。

只要這個景象能在腦海中被建構出來，我們就能清楚記憶其間的關連性，不管是從哪一個著手，都可以知道前後順序。

例如，金箔的前者與後者分別是什麼呢？藉由腦海中的印象，可以知道金箔的前者是一個木造的杯子，後者是一片土地。

想像力就是有這樣的魔力，可以讓知識跳脫時空，烙印在我們的腦海裡。

將文字轉化成腦海中的畫面

西元前五世紀，專門記錄、編纂歷史的史官制度還未發展完全，若想完整記錄跨世代的歷史，大多只能透過居民們的口述、鄉野間的傳說等。希羅多德就是生在這樣一個古老又神祕的古希臘時代，由於他的誕生，我們才能在現代一窺這神祕面紗背後的經典故事。

希羅多德是一位博學多聞的歷史學家，他留給我們最著名的作品莫過於他的「研究成果」，又名《歷史》或是《希臘波斯戰爭史》，目的在於記錄人類史上曾經發生過的一切事件。

在他筆下的溫泉關戰役更是我們耳熟能詳，一場人類史上最悲壯、以弱勝強、以小搏大之戰役。這場波希戰爭之所以能獲得勝利，主要原因在於希臘的斯巴達國王成功拖延波斯軍隊的進攻，讓雅典居民們成功撤離，爭取到雅典及其他城邦準備戰役的寶貴時間。

不妨想想以下幾點：

一、希羅多德筆下的這些經典戰役，無非是透過實際的走訪、田野調查和採訪當地居民，並發揮大量的「想像力」和「聯想力」，才得以完成。

二、希羅多德的「研究成果」是錯綜交疊的，若只單純閱讀他的文字，很難記憶內容。

三、只要適度發揮自己的「想像力」和「聯想力」，就能在腦海裡浮現三百壯士可歌可泣的史詩畫面，感同身受那波瀾壯闊的場景。

在任何想學習的事物上，若能經常這樣發揮，將更能理解作者想表述的東西，也能達到事半功倍的效果。

將無聊變有趣的老教授會議

盧梭說：「現實的世界是有限度的，想像的世界是無涯無際的。」正因為學海無涯，所以更值得我們善用想像力去充實自己，讓生活中的美好畫面與細節化為能量，時時刻刻為我們充電。

查理是一位西點軍校出身的老教授，我認識他的時候，他大約快七十歲了吧。儘管他年紀不小了，除了腦袋精明外，四肢也靈活得很。認識他這麼久以來，我知道他一直持續自己熱愛的跑步運動。

美國教授的退休年齡並不像臺灣有明確規定出來，終身職的美國教授能自己決定什麼時候退休。所以有時候可以看到一些有趣的反差，那就是有些擔任教職的學生常會比自己的指導教授還要早退休。

查理教授出身於美國西點軍校，他很擅長使用非常美式的部隊諺語來開玩笑。他的學生們常常和我說，查理教授要求開會的時候，不會簡單明確的說：「來來來，我們來開會。」他必定會用一些很有趣的說法，讓召開會議這件事多一點樂趣。

「我們一起來舉行一個powwow[2]。」

2　意指集會、商議，或是北美印第安人式的「祈禱儀式」。

想像一下，大家圍著營火，手舞足蹈、扭腰擺臀的跳著神祕的印第安舞。這種超乎常理的會議畫面，光是用想的就已經非常好笑了吧？

或是「我們的高峰會將在明天上午九點舉行」諸如此類的說法。一種把參加會議的人都當成是各個國家的高級官員、首腦等。而參與會議的大家似乎也因此把自己當成各國領袖，想著待會如何爭奇鬥豔，如何為自己的國家爭光、求表現呢！

他風趣幽默的用詞，往往能讓一同參與會議的同學們會心一笑，「開會」似乎也變得不那麼痛苦了。

「想像力」是我們最忠實的好朋友，能幫助我們用不同的視角理解、學習新的事物。而「聯想力」就像一幅地圖，它讓我們能從一個脈絡，連接到另一個地方。

而當我們能發揮這「雙力」後，就能在學習與充實自己的過程中，獲得「事半功倍」的良好效益。

人人都該具備跨域學習的能力

為什麼你該考慮跨域學習？

跨域學習好處多多，除了能幫助你看到各領域之間的相似性，也可以幫助你結交到來自不同領域的朋友。如果你不是排斥學習的人，不論現在正處於哪個人生階段，我會建議，選擇接觸與學習那些非自己專精領域以外的事物。當你接觸的領域有一定的廣泛度、什麼都會了一點之後，會發現你已經更懂得學習新知、掌握學習的方法了。

記得自己高中時，曾想往生物領域前進，然而歷經實習後，才實際體會這個領域及工作環境或許並不是那麼適合自己。那時之所以有機會擔任生物學的實習生，是因為碰巧認識了在這些單位工作的朋友，而該單位裡的老師也都很樂意提供一些學習機會，希望能幫助到我。有趣的是，高中時碰巧也結交了不少工地好友，他們常熱情的邀請我一起去做工，並告訴我，只要跟著他們做，每天都能賺到可觀的零用錢。因此，自己也曾短暫當過「做工的人」，在工地打工過。

成為大學新鮮人後，當時對汽機車非常著迷，總希望能弄懂精密儀器的構造，了解它們到底是如何運作的，讓自己在朋友圈裡顯得很酷。喜愛汽機車的人們奉行著一句話：「機械是工業之母，未來往其他工程領域發展都不成問題。」那時候的我信了，也選擇了機械工程做為主修科目。除了扮演好大學生的角色外，也擔任了英文、數學家教老師，以及材料科學的研究助理和課程助教。當時材料科學的老師非常鼓勵我，也大力推薦我就讀研究所時可以往哪個領域專研。

最後，在摸索材料力學時，才領略到力學機制的理論其實也能應用在民生、土木與環境工程上，便漸漸轉往土木工程與工程力學領域學習。比較特別的是，其實在研究所時期，我曾擔任凝態物理學領域的研究助理，結果，出社會的第一份正職是與自己學經歷背景較無關係的半導體光學研發工程師。這份看似意外的正職或許也證明了跨域學習的好處，更不用說，我們越來越難預測未來會有什麼樣的工作正等著我們，由此可見，跨域學習的能力只會變得越來越重要。

以自己為例，雖然說我似乎跨越了不少領域，但我的最大公約數其實環繞在力學機制。也是因為跨領域的學經歷，我才發現大部分的知識其實都是相通的。比如說研讀醫學的學生曾和我分享過「藥物動力學」這個名詞，仔細探究後，其實和自己所學的「動力學」還真有那麼一點相仿，只是前者的媒介途徑是人體系統，後者是機械系統。另外，經濟學設定的模型，經常和「靜力學」的邊界設置非常相似，探討著各種條件底下的平衡，舉例來說，經濟學很常提到的價格彈性其實和材料彈性非常相似，前者說明需求的數量會隨商品價格而變動，後者說明材料的行為會隨受力行為而變形。

最神奇的是什麼呢？莫過於我寫的這本書了。你猜到了嗎？事實上，力學機制的大框架也和我們的人生息息相關，它絕對可以幫助你更有效率的面對人生難題，也可以幫助你找到屬於自己的未來方向。

好友能幫忙開啟一扇知識之門

好朋友們經常能幫助我們接觸到不同面向的知識，不管是冷門的、自己根本不在乎的事，又或是能讓人眼睛為之一亮的知識。

在研究所時期，由於做研究相當苦悶，所以經常會與不同領域的研究生們一同聚餐聊天。在閒話家常之中，相互鼓勵、相互陪伴、相互學習，尤其是身為異鄉學子，和朋友們相處的快樂時光，經常能幫助彼此忘卻思鄉之愁，以及排解實驗做不出來的苦。

至聖先師孔子說：「益者三友，友直，友諒，友多聞。」其實不管是過去或現代，在家鄉或者在海外求學，此言確實不假，也非常受用。交友廣闊除了能幫助我們排除孤單寂寞，也可以透過不同角度讓自己成長。

舉例來說，求學時期若經常與成績一流的學霸來往，除了可以請教作業怎麼寫、如何解題、抓重點以外，其實也可以嘗試理解他們的「思維模式」，並觀察他們的良好習慣。當然，我也曾經試著詢問過學霸們抓重點的技巧為何，不過很不巧的是，我認識的這群人似乎都說不出個所以然來，貌似沒有嘗試抓任何重點過，但他們給我更多的感覺是「通透」——問他們問題的時候，他們不太能理解為什麼這會是個問題。

我在海外遇到的學霸們，比較像是程度大幅超前的同學們。就好比一名大學生，卻身處小學的課堂之中，和進度較為緩慢的同學們一起學習，他們自然無法掩蓋對於課程脈絡的全知。與這些學霸們相處能觸發許多良性刺激，也能給我們許多學習上的啟發。根據這些經驗，我認為抓重點的最佳方式與學習技巧，並不是死守這些知識，而是全方面的拓寬自己對課程與知識的理解。當較為全面的知識地圖被建立起來後，剩下的只是一些細節上的練習與複習。

和喜愛旅遊的朋友們交流，可以認識不同地區的文化，加深對於不同文化的感受，因為有時候，我們常會在一個地方待得過長而忘記世界的全貌，老是以同個地方的框架思考問題。這時，何不跟隨這些愛好旅行的朋友們一同去其他地方看看，來個深度文化之旅？對於視野的開拓幫助相當大。

又或者與擅長料理的朋友一同開伙，除了可以磨練煮飯技巧，更可以避免「料理天災」的發生，例如飯菜不熟、調味過度、烤焦燒焦、東混西混、糖鹽不分等。擅長料理的朋友除了能帶來美好的用餐體驗外，還經常推薦許多不錯的餐廳、介紹行政主廚的故事。除此之外，他們也會適時的提醒我們，什麼時候適合吃什麼食材、什麼時候該去哪裡探索新的美味料理。

「一樣米養百樣人」，能相互幫助的好朋友一樣也有成千上百種。儘管廣泛的交友並非全然是好事，畢竟有些朋友們天生是來「還債」的，但更多時候，廣泛交友的好處還是比較多。

事實上，能幫助我們的「良師益友」當然也不只有上述三種。在許多猶豫不決或者生活的小片段中，跟朋友們商討事情，多聽聽對方意見，常有意想不到的收穫。

其中，在這麼多類型的朋友中，我認為有一類朋友最令人印象深刻：「懂王」。他們堪稱是各個領域裡，為我們開拓屬於自己知識領域與想法的「至聖先師」。

三人行必有「懂王」

「懂王」，根據我自己下的註解，意指在眾人面前，善於表現出「全知全能全懂」等強大氣場的一般人。我相信這是一個有趣，且富有正面意義的詞。儘管，懂王們難免遇到不懂裝懂、被打臉的時刻，但他們總有不滅的熱情，相信「打腫臉，頭更大」，才更顯尊貴、冰雪聰明，不吝於為大家開拓知識領域與視野，不管我們喜不喜歡、想不想知道，又或者在不在乎。

最有趣的是，更多時候是我們總搞不清楚懂王們到底是「真懂」還是「假懂」，畢竟有太多事情，冷知識也好，又或者是我們疏忽的美好事物，其實都不是我們能夠理解或者懂的；因此，身旁要是能有各領域的「懂王」們出沒，而自己又能虛心接受他們的指點，對自身一定是有所幫助的。

一日和學生聊天時，我不經意提及了「懂王」這個塵封已久的專有名詞。若要解釋這個專有名詞，可得從我還在別稱為「大蘋果」的紐約求學時期說起，當時自己身處於被為數眾多的「懂王」們環繞的時期。

當時，在曼哈頓島西城區的角落裡，有著懂界少數的天王們存在，我們姑且稱呼他們為「哥大三懂王」。

「原來『懂王』不分文化喔！」學生聽到我說出「懂王」這個關鍵詞後，不經意的回應著，同時露出感同身受的表情。

「我提到最有名的『三懂王』，不管他們是否只是善於裝懂，和他們相處時，總是能達到教學相長的效果，因為他們都非常不吝於知識的分享。而且，他們目前的成就和發展，也都相當令人欽佩，分別在當今的大型科技公司任職，包含Google、蘋果、亞馬遜、微軟、臉書等。」

「哇，看來這些懂王們是真懂！」學生大笑說著。

「或許我可以分享一位自稱是文藝懂王的故事。『哥大三懂王』的故事或許有機會再說給大家聽吧！」我確實不是故意要賣關子，只是「懂王」的故事不小心開講的話，大概三天三夜也說不完。

遙想在紐約蟄伏多年的我，對於當地的文化、美食和熱門景點算是小熟。不過，大約只能用「知其一二，卻不知還有三」來說明自己的淺薄。這個故事要從「紐約曼哈頓橋下，最浪漫的DUMBO區」說起。

「DUMBO」就是「Down Under the Manhattan Bridge Overpass」的縮寫，中文或許可以直譯為「曼哈頓大橋下的地區」，非常簡單易懂。這個名詞同時也與迪士尼裡非常著名、可愛的小飛象（Dumbo）同名。

想像和聯想是你學習時的利器。

雖然知道DUMBO區是知名的觀光景點，但當時和朋友們的了解卻也僅止於此，對於其文化歷史淵源，完全沒有概念。感謝那位被打腫臉的「懂王」，以及那位出手相教的「真藝文通」，我們才得以有機會去深入了解這個充滿文藝氣息的曼哈頓大橋下地區。

其實是我們不明白「懂王」的用心良苦

一天在朋友家中，大夥一起品嘗港式點心，還記得那時候是九月中，甫開學不久。當我們還沉浸在暑假的尾聲時，懂王開口了。

「你們聽過紐約的時尚丹波區的藝術節（The DUMBO Arts Festival）嗎？要不要一起去看看？」懂王興奮的說著。

「你是指，曼哈頓橋下的那個丹波（DUMBO）嗎？那邊不是拍照打卡的聖地而已嗎？旁邊有一家很有名的冰淇淋店，沒想到那邊也是舉辦藝術節的地點！」我有點似懂非懂的詢問著。在一旁吃著小籠湯包的朋友也忍不住開口說道：「那是什麼？我完全沒聽過耶！」

一群苦悶的理工科研究生們，通常對於文化季、藝術節之類的基本一竅不通。相比之下，儘管懂王也常自嘲為一名理工宅男，但他總不會令我們失望，常會分享許多關於紐約的藝文活動資訊。

當時，他見大多數的人一臉懵樣，開始露出了滿意與開心的笑容，像是我們已經幫他舉好球似的，而他隨時可以來個扣殺。

「丹波藝術節的歷史相當悠久，我記得第一屆表演好像是在一九八七年，主辦的藝術相關演出包括戲劇、舞蹈、音樂及歌劇，可說是囊括了所有類型！」懂王突然霹靂啪啦的介紹起來。

沒想到，在懂王口沫橫飛之時，一位真正對紐約文化有深入研究的同學打斷了他。「……那個，丹波藝術節是從一九九七年才開始舉辦的活動喔！而且它並沒有主辦單位，一開始舉辦的目的只是為了讓基層藝術家們能夠藉由這特殊的場景，彼此分享和展示他們的藝術想法與創作。」

「喔……那是我記錯了。對了，你們知道曼哈頓大橋嗎？這座橋很有來頭喔！它是世界第一座由鋼鐵製成的懸索橋，也是完工當時世界上最長的懸索橋。它也曾出現在許多經典電影畫面中，如《曼哈頓奇緣》《穿越時空愛上你》都可以看到它的身影……」

「你說的應該是布魯克林大橋才對。」那位同學再次糾正了懂王。

「好啦，先不說布魯克林大橋了！對了，我們找一天去參加藝術節好嗎？」懂王秒回。儘管在不到片刻之間，懂王被拆了兩次臺。但懂王不愧是懂王，臉上始終掛著一抹自信的微笑。我想，失去這個微笑的話，懂王將不再是懂王了。這個故事雖然聽來詼諧有趣，但多虧有他，我們才能在生活中獲得許多有趣的知識、認識更多的人事物。其實懂王的一句話，除了達到「拋磚引玉」的效果外，也引出真正的高手來為大家講解正確的知識。後來，我和朋友們真的去了丹波藝術節，有幸欣賞了許多難忘的藝術表演。

或許，懂王並非我們想得那麼膚淺，畢竟他們願意犧牲自己的形象，來為大家請出高手，讓我們有機會學到更多呢！

子彈筆記
〇三

關於充實力

我們必須提升自身的學習速度，才能離開當前熟悉的環境，看到更高更遠的風景。充分善用「想像力」和「聯想力」，能提升我們的學習速度。

想像力和聯想力的學習組合可以有效應用在學習外語上，如在背誦日語五十音中，可以運用聯想力，結合平假名和漢字的相似之處來記憶；想像力則能幫助我們將知識與圖像做結合，如記下七曜日的順序，或是遊歷歷史之父希羅多德的史詩級巨作。

想像力和聯想力也可以營造出更輕鬆活潑的學習氛圍。善用這些能力，不僅能充實自己，更能讓生活中的美好畫面與細節化為能量，成為最棒的人生充電器。

跨域學習能讓我們在面對越來越難預測的未來職場時，有足夠的把握去抓住機會，擴充自己的視野與能力。跨域學習，絕非只是樣樣都學、只懂皮毛的膚淺學習，而是圍繞在一個固定核心概念後向外延伸。

⊕ 與擅長不同領域的朋友交往，能幫助我們自我成長，跳脫思考的框架。

⊕ 與懂王為友，雖然有時候會被喜歡裝懂的他們弄得哭笑不得，但不論他們是「真懂」還是「假懂」，他們往往能幫助你探究不同領域的知識。

「充實自己格局」的大哉問：

Q 你是否曾經運用過「想像力」和「聯想力」來學習事物？你運用的是何種領域的知識呢？可以和身邊的人一同分享你的學習故事及獨創口訣。

Q 你有跨域學習的經驗嗎？核心概念是什麼呢？

Q 你身邊的朋友當中有「懂王」嗎？你是否曾經因為懂王的一句話，而去學習一個從未接觸過的領域？嘗試說一句感謝懂王的話。

停滯不前的你
其實正等著勇敢跨越的你。

Chapter 2

發現力

好的夥伴可以發現你的長才，
糟的夥伴可以激發你的長才。

仔細觀察，發現自己的優點

試想：「在一個安靜祥和的房間裡，看著窗外緩緩射入的第一道晨光。細小的塵埃，如同被太陽點亮的精靈們在光線中飛舞跳躍，盡情展示自己曼妙的舞姿。」若我們沒有仔細觀察，又或者晨光沒有映入眼簾，我們通常不會注意到這些存在於空氣中的塵埃，也不會發現它們能隨著微小氣流輕鬆恣意的飛舞跳躍著。

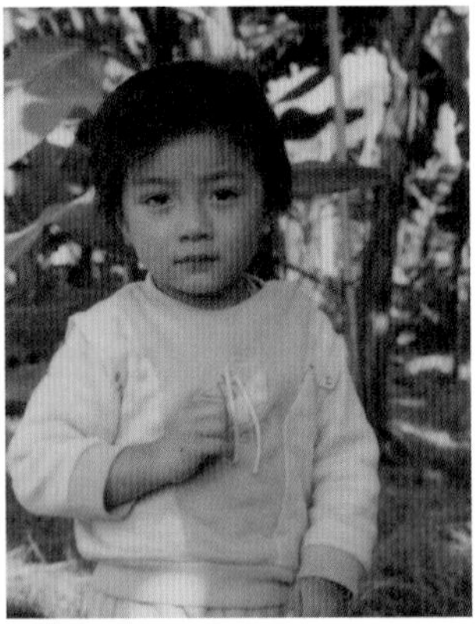

如同這些躲起來的塵埃精靈們，如果我們沒有仔細觀察自己，通常不會注意到自己的優點，因為它們可能躲在不同的地方，需要透過不同的方式觀察。方法非常多，最簡單的就是透過工具和眼睛去發覺。

連後腦勺都要透過鏡子才看得到

我們可以透過鏡子知道自己長什麼樣子，搭配兩面鏡子的話，甚至能看到平常很難看到的後腦勺。

「請看一下你的後腦勺髮型，這樣OK嗎？」理髮師問。

修剪完頭髮後，經常會聽到理髮師這麼問，接著拿起一面鏡子走到身後，調整角度配合我們看看自己的後腦勺。

「後腦勺的髮型沒問題，不用特別讓我看啦！反正我平常也看不到呀，沒關係啦！」我經常會大笑著回應這類的問題。

不過真的要謝謝理髮師，他很盡心的將我們的頭髮理好，教我們要如何抓後腦勺的髮型，才能看起來更立體、好看。

仔細想想，不光是後腦勺，在我們身上的許多部位，不透過工具好像什麼都看不到。連外表都如此難觀察，更何況是內在呢？

普通人是放錯地方的天才

在美國求學的第一年，有一堂生物課講到真核生物的類群（Fungi），包含酵母、黴菌，以及我們熟悉的菌菇等等。

在課堂上看到一張菌菇的圖片。很特別的是，底下的說明文字卻是用中文寫的。不知道是哪裡來的勇氣，我在課堂上自告奮勇舉起手說：「我可以幫大家將這段文字翻成英文，讓大家理解圖片說明的意思。」

因為這件事情，同學們都覺得我是一位容易親近，同時也是願意主動幫助同學們學習的人。

這件事後來也陸續發酵出一些有趣的小事件，比如說，每當我遇到不能理解的英文句子或文法時，我常拉著老外同學，疑惑的說：「我可以問個傻問題嗎？這句話到底在寫什麼，為什麼我覺得文法不正確呢？」

同學們總會盡心的向我解釋，讓我這初來乍到的臺灣留學生，能夠理解那一句句深奧難懂的英文語法和單字。最貼心的是，他們都會在最後對我說：「如果這裡寫的都是中文，我可是一個字都看不懂，我才是傻的那個人吧，你的問題一點都不傻！」

是啊！在全英語環境中，我只意識到不會英文的「缺點」，但透過幫助同學，才讓我知道自己習以為常的中文，在一群美國學生當中，搖身一變成了厲害的能力了！

「天才是放對地方的普通人，普通人是放錯地方的天才。」我們常常因為身在不適合自己的環境，而忽略了本身的優點，甚至以為那是缺點。所以，不僅要時時善用「鏡子」檢視自己的天賦，更要鼓勵自己勇於走出舒適圈，發現更多能讓自己成長、發揮的舞臺。

若不去觀察，就不知道自己的能力何在

「薛丁格的貓咪」是由一位物理學者薛丁格提出的思想實驗。你或許可以這樣理解，他在這個思想實驗裡虛構了一隻被安放於一個封閉黑盒子中的貓咪。同時跟牠被放在一起的還有一個裝滿毒物的燒杯。一隻好奇的貓咪是否會不小心打翻這個燒杯，讓有毒物充斥整個封閉空間呢？

在這個情況下，如果我們不將盒子打開，用自己的五感去觀察這隻貓咪的現狀，這隻虛構的貓咪將無限期處於一種生存或者死亡的疊加狀態。

這個道理可類比為，在我們觀察這個黑盒子以前，依據上述的思想實驗，這隻貓咪將處於一種存在亦不存在的狀態。根據量子力學理論，這一點也不神奇，因為這隻貓咪將同時具有兩個狀態：生存和死亡。而這種狀態之

所以存在的原因，只是因為我們沒有去觀察、發掘。

直到有一天，若我們願意走到這個黑盒子旁邊，打開自己的五感去傾聽，或許可以感知到貓咪的生命，聽到牠所發出的聲音。我想類比的是，若我們將許多等待我們發掘的能力，想像成是一隻又一隻被安置在黑盒子的貓咪，而不知道要去觀察、發掘，我們勢必無法覺察出自己的能力。

找出你的量子貓咪被藏在何處

在考試掛帥的風氣盛行制度下，如果你是一名學生，又恰好你的強項是念書和考試的話，很幸運的，你將取得不錯的成績。學生時期知識的輸入以及輸出相對單純，而且所獲得的好成績也是相對及時的。但如果你的專長不是讀書，也請不要心灰意冷，這就是一個被藏起來的黑盒子，而我們只是還未找到探索這個黑盒子，以及發掘貓咪的方法。

很多時候，好的學業成績確實能幫助我們找到第一份工作。換句話說，它們更純粹的都只是讓我們多獲得一個機會。然而，在社會上能獲得大家肯定、貢獻更多的人物們通常也是像我們一樣，只是一般人而已。只不過，可以發現他們其實都有一種特質：樂於助人邁向成功之路、幫助身邊的人們成長，並從中獲得滿滿的成就感。

我們所要探尋的黑盒子，有可能存在於一個重視考試成績的教室裡。在這間教室裡考高分，便可進入理想中的大學，但要知道，獲得漂亮的學經歷，只是一個觀察貓咪是否生存的方式罷了（探索讀書是否是強項）。

更多時候，這個黑盒子存在於一個敢拚與不怕苦的現實裡，探索它的方式則需要透過勤奮與不放棄；黑盒子也可能存在於一個需要更多感動的社會，探索它的方式則需要透過大量的熱情與彼此間的相助。

搖身一變成為暢銷品以前，
你可能是個滯銷品。

互相幫忙，找出各自的專長

社會上能獲得大家肯定並貢獻良多的人，通常都是知道自己專長的「一般人」，且他們都有助人為快樂之本的特質。

在學生時期，書讀得好絕對不是最重要的，因為我們必須小心，不能被這個考試掛帥制度限制住自己的想像。在莎士比亞的作品裡提到：「整個世界是一個舞臺，所有的男士與女士們只不過是演員；他們都有下場的時候，也有上場的時候，且一個人必須扮演不同角色……」在他的筆下，我們至少可以知道，他認為一個人的演出可分為七個時期，從呱呱墜地開始，直到全然的遺忘。

儘管莎士比亞的宏觀思維並不是這般容易理解，但身在現代的我們，應該可以具備能識別出所在的當下，並扮演好這個角色的基本能力。扮演好角色的同時，更需要與同台演出的夥伴們一同發揮專長，利用群策群力的精神擴大彼此的好表現。真誠的扶持和鼓勵彼此，以及協助彼此發揮更亮眼的表現。這是有方法的，而且是需要學習與練習的。

你沒去看自己的優點，你的優點就不存在。很幸運的是，有時候我們的專長確實能被周圍的人們看到、被鼓勵與發掘，但確實不是每個人都有機會遇到伯樂。更幸運的是，如果身邊的人都能幫助自己發掘出彼此的專長，我們也將更有能力去鼓勵與發掘彼此。

「知道自己喜歡什麼，找到自己的喜好並且成功駕馭它，為所在的社會創造價值。」這本書希望能像晨光一樣，點亮你的專長，並期望發揮長遠的啟迪作用。

廣結朋友是探索興趣的前哨兵

在我還是小學生時，多少可以感受得到父母對我有很深的期待。就連小學的班導師，可能也感受到父母對我的期望，常會戲稱我為「洪教授」，雖然當時的我，對「教授」這個詞非常陌生。

我那時其實心裡想的應該是期望自己哪一天能成為「企業家」，因此，後來出國念書後，自己的志向和家人對我的期望大概就慢慢轉變成「學者型企業家」。但是仔細想想，「學者」和「企業家」好像又有那麼一點違和，因為學界和業界的理想不一定相同，公司和企業通常也不是「吃素的」。所以我應該還是先做好一名學者再說。

回想當時老師們的叮嚀：「洪瀞，你要更認真呀，不要在未來變成一隻『只會叫的野獸』。」

很幸運的是，父母從來都沒有用高壓的方式來管理和教育我，甚至一直信任著我，容許我用自己的方式探索興趣。

我小時候比較像個野孩子，就讀國小和國中時，可能有點像馬克吐溫筆下的「湯姆」[1]，常常和朋友們一起玩耍，也很喜歡結交各方朋友、很重義氣，經常會和大家一起探險、運動，如打籃球、保齡球、撞球等。比較特別的是，這些朋友們大多來自不同年齡層和生長背景，而我就是在這樣的環境下成長，並探索出自己的興趣。

出國後其實也經常會交到一些年紀比我大的朋友，也因此有機會能知道許多不同的興趣和想法，再回過頭來看那樣的興趣是不是適合自己，或者是不是自己喜歡的。

在國外時，看到我的美國朋友們都會利用暑假打工賺取生活費，因此，放暑假回臺灣的時候，我也會找一些工作或實習的機會（求學過程中曾經在工地打過工、當過英文和數學的家教老師，也曾在中研院、國家電腦高速中心、同步輻射中心等做過研究助理）。或許是這樣的成長背景，我一直是個不喜歡自我設限的人，以我的學經歷來說，大學主修機械工程、研究所念的是材料科學，博士學位則是土木與工程力學，畢業後的第一份工作卻是在半導體外商擔任研發工程師（物理光學）。

1　《湯姆歷險記》裡的主人翁，為馬克吐溫的著作。書中湯姆的年齡大約在十到十四歲之間。

過去的背景從沒限制過我，反而讓我更有信心，知道自己能在未來持續往其他領域跨越與合作——希望我們都不要被自己的學經歷所限。

進軍校的艾瑞克

高中時期我有一位非常要好的黑人朋友，他叫艾瑞克。我們之間有許多有趣的故事。艾瑞克給我的第一印象非常深刻，他渾身散發出一種很沉穩的氣息，和他相處時，我深感自己在異鄉原來也能結交到這樣的好朋友。

我和艾瑞克放學時經常會一起打球、玩在一起。當時我還不會開車，他也都很樂意在回家的路上送我一程。有次因為回家晚了，而我知道他很喜歡吃中式食物，所以他送我到家的時候，我就分享了一些中式食物給他。

還記得那次我端出紅燒獅子頭給他品嘗，不過出乎我意料之外的是，他卻拒絕了，並說：「這不是中式食物！我認得這個東西，這應該是義大利肉丸吧！」我記得，那時我好說歹說，還是沒有說服早已飢腸轆轆的他吃下那顆很像義大利肉丸的紅燒獅子頭。

艾瑞克是真的很喜歡吃中式食物，他曾和我要過一個食物夾鏈袋，問我能不能倒一些醬油給他。然後，他會在夾鏈袋的袋底咬開一個小洞，開始品嘗醬油甘醇又豐富的滋味。我只差沒有提供高腳玻璃杯給他了，不然他倒像是個正在鑑賞十八世紀紅酒的「侍酒師」。

「這樣吃起來很像蛋糕，你不覺得嗎？」艾瑞克品嘗醬油時，有時會這麼對我說著。他這些有趣的愛好和「創舉」，常會讓我哭笑不得，但卻又是這麼有道理。我自己也因此嘗試了幾次，「嗯，這應該就是一般的醬油……」

原以為對美食敏銳的艾瑞克將來會致力於餐飲產業，朝成為米其林三星行政主廚的道路大步邁進，但直到畢業典禮時，我才知道他將要加入美國軍事學院。

在美國，由於軍事學院擁有完整的教育制度、師資、科技力，以及重視人才的培育，能從軍校畢業的人，出社會後通常也都是各單位想要爭取的人才。想順利加入軍校，成為軍校生並不是一件容易的事情。如果沒有好的高中文憑表現，要能成功參軍的機會勢必非常渺茫。美國著名的三間軍校分別為「美國西點陸軍學院」「美國安納波里斯海軍學院」和「美國克羅拉多空軍學院」。

這三間學校的校訓非常值得我們細細思考，分別如下：

一、西點陸軍學院校訓：「責任、榮譽、國家。」

二、安納波里斯海軍學院校訓：「三叉戟是用知識鑄造的。」

三、克羅拉多空軍學院校訓：「正直為上，無私服務、凡事優異。」

這三間著名軍校的錄取率通常都是在百分之十上下。要想通過其實是非常困難的，因為申請者需獲得國會議員，或者從軍家屬的推薦信，才能完成申請。

在畢業典禮上，臺上宣布艾瑞克要加入美國海軍的時候，全校師生都非常熱烈給予歡聲雷動的掌聲。現在想想，除了艾瑞克本身沉穩大方的氣質外，或許他對原則的堅持與品嘗生活細小事物的敏銳亦是獲得這份殊榮的關鍵。相信只要對任何事物都保持敏銳、質疑及喜愛嘗試的態度，不論到哪裡，都能找到發揮自我的舞臺。

沒必要爭第一，但可以當唯一。

子彈筆記

關於發現力

⊕ 若不仔細觀察，你通常不會注意到自己的長處。以周圍的人們為鏡，找出你的潛力。

⊕ 我們常常因為身在不適合的環境，而忽略了自己的優點，甚至誤以為那是缺點。

⊕ 我們的潛能就像是薛丁格的量子貓咪，你必須探索那些黑盒子、揭開自己的成功特質。

⊕ 人生就像一齣精采的舞臺劇，我們在扮演好角色的同時，也需要一群真誠、樂於共同扶持彼此的夥伴。

⊕ 與不同年齡層、背景的朋友們來往，探索適合自己的興趣，記住，學經歷是絕對無法限制住我們的。

⊕ 對任何事物都保持敏銳、質疑及喜愛嘗試的態度，找到讓自己發光的舞臺。

Q 嘗試寫下自己的優缺點、強弱項，好好思考一下為什麼你會這樣認為。

Q 找幾個好朋友一起討論，試著將彼此的優點寫下來，說不定，你們會有意想不到的驚喜結果！

Q 親自體驗一下自己有興趣的領域，或是找相關領域的人聊一聊，甚至無償幫忙別人做某些事情，確認自己是不是真的有興趣。用短時間體驗，可以避免未來浪費更多時間，這其實一點也不吃虧。

Q 你覺得在人生的舞臺上，自己扮演的是什麼樣類型的角色？與你一起同臺演出的夥伴又是誰呢？

Q 寫下自己喜歡做的事情，或是會令自己感到開心的事件或情境。

Chapter 3

準備力

人生沒有彩排，
彩排過的哪裡叫人生。

未來的爆發力，來自平常能量的累積

每次地震，都會聽到這樣的報導：「這次地震等於釋放了〇〇顆廣島原子彈的能量，或者〇〇噸TNT炸藥的能量。」

如此驚人的爆炸能量，不是憑空而來的，它是來自於長時間一點一滴的累積。

根據板塊學說的理論，地表上可分為兩種板塊：海洋板塊和大陸板塊。由於地函的熱對流之故，海洋板塊平均以每年兩公分的速率向外擴張。當海洋板塊與大陸板塊接觸到彼此，發生聚合和擠壓時，海洋板塊會逐漸隱沒至地函，形成新的地表，造成地質的循環與再生。

就是因為這種持續性的聚合和擠壓，當板塊擠壓至變形臨界值時，所累積的能量就會被釋放出來而產生地震。

每個人都希望今天的自己，比昨天的自己更好，很少有人願意自己一天比一天還糟。成長就像板塊移動，能讓地球新生，但這個反饋通常很緩慢，如同地震一樣，需要時間的累積，最終才能聚成強大的能量。

想要在未來人生擁有一鳴驚人的爆發力，平常就需要下工夫，慢慢累積自己的實力、有更多的行動，才能編織出更多屬於自己的成功故事。

從「Yes Man」開始，「I Can Help」做起！

球類比賽有句老話：「最好的防守，就是進攻。」

當我們對於如何成為一個更好的自己，無所適從、不知所措，不知道該從何著手時，進攻就是一個很好的起手式。

那要怎麼進攻呢？簡單來說，就是踏出去，做你之前不會做的事，從「Yes Man」開始，由「I Can Help」做起。

你是否是個怕事的人呢？多一事不如少一事的確是最輕鬆的方法，但也是你安於現狀，停滯不前的主因。

在做事的過程中，你可以運用智慧、創意，找到獨特的應對方式，這些經驗的累積，就會成為你的能量，所以請先當個「Yes Man」，只要是立意良善的事，無論它是大事或小事，都值得你搶先去做。

回到前面我提過在美國讀書時的小故事，一位遠離家鄉，不知天高地厚的小屁孩，處在陌生文化和全英文的環境中，難免有怯懦、沒自信的心理狀態。

但在那堂生物課上，我在全英文的課本中看到一幅寫著中文解說的菌菇圖片，不知道哪裡來的勇氣，我舉手告訴老師，自己可以將中文譯成英文，幫助同學們理解內容。

生物老師聽完後，並沒有任何遲疑，隨即相信我的能力。她若有所思，微笑並帶有鼓勵的語氣對我說：「你或許可以寫一篇短文，幫助同學們了解這張菌菇圖片中的中文在述說什麼。」

「老師交給我吧！我會用心做好的。」我二話不說，立即回覆老師。彷彿在說這句話的當下，有點欠缺的自信心在心中燃起，儘管這只是一件微不足道的小事。

記得當晚回到家後，三兩下就將那段中文譯好了。

與只懂英文的同學們相比，中翻英對當時的我來說根本就是「一塊小蛋糕」，到底我比他們多念了幾年的中文，我忍不住露出充滿自信的微笑。

但我看著這貌似已完成的任務後，總覺得好像少了點什麼。事實上，譯成中文的字數也只有一小段而已。

就像羅丹著名的〈沉思者〉雕像般，我將右肘支在左膝上，手背頂著下巴和嘴脣，目光往下移，開始想著：「只做到這個程度，真的就夠了嗎？」看著電腦螢幕上寥寥幾行字，總覺得有點單薄。

若只是單純把資料翻成英文，好像也沒幫到同學什麼忙，感覺只是一位愛現中文的小屁孩而已。如果把時空背景拉到現代，或許還會被同學笑吧？畢竟現在手機拍照都能即時翻譯了，區區這幾行字又有什麼了不起呢？

當時腦中浮現出父母、家鄉老師們的諄諄教誨與期望，好歹我可是飛越了一萬兩千多公里才來到這裡念書，覺得自己不能讓事情就這麼簡單結束！「除了翻譯外，我應該能多做點什麼才是。**I Can Help！**」心中有個聲音對自己這麼說。

當晚我從床上坐起來，一股傻勁地開始仔細研究翻譯，把每個詞背後所代表的含義是什麼、為什麼要將這段文字放在這邊的原因、與課文又有什麼關連、怎麼樣說明才能讓同學們更容易理解等。

隔天我將完成的短文交給老師，並對老師說明：「除了將中文翻成英文外，我也嘗試做了補充說明，解釋為何這段文字會出現在這裡的原因，希望這份報告對同學的學習有所助益。」

老師接過我用心寫滿兩頁的短文，露出滿意的表情，拿起紅筆在上面寫下一個大大的A。

「你做得非常好，老師決定給你一個大大的A。」生物老師這麼對我說。

得到鼓勵並很開心的跟老師道謝後，我轉身走回自己的座位，這段短短的路程中，我看到周圍的同學們用一副非常欽佩的神情看著我，眼神透露出：「兄弟，幹得好呀！」的訊息。

其實只要在做事時，自告奮勇一點、多想一點、多做一點，不但能累積能量，也能讓他人獲益。

就算到了新環境，或許初期覺得自己不如人，但絕對不能小看自己的能力，因為勇敢踏出第一步就是成長的開始。

累積數個小勝利成為一個大勝利

古代有神農氏嘗百草的故事，在那個時代，神農氏發揮了他的智慧及強悍的體魄，成功辨別各式草藥的特性。儘管曾在一日內中毒數次，但他沒有放棄，最終，找到了獨特的應對方式，成為該時代的強者，也成為了眾所皆知的中華農業和醫藥之鼻祖。

做好一件事情，就像是嘗一種草，或許聽起來並沒有很厲害，但如果能做好一百件事情，你最後就有可能達到神農氏的成就。

現代人幸運許多，至少不需要玩命吃百草，但我們可以學習他的精神、發揮更多的創意。累積大量成功和失敗的經驗之後，更能知道如何做才能更有效率的完成一件事情，同時也是不畏懼承擔責任的展現。每一個新的挑戰，都是一個新的成長、磨練自己能力的機會。而且往往在回頭看看這過程時，會發現過去曾經害怕的事情，變得一點也不可怕了。

建立與挫折的「正面連結」

以前的飛機通常在座位上都沒有個人螢幕，所以不易獲得飛行時間、距離，以及還要飛多久的資訊。而臺灣與美東的飛行距離，至少要兩天左右的總交通時間，因此，高中時期的我，每年寒暑假總有搭機恐懼症。如果沒有戴手錶的話，在飛機上很容易失去時間的概念。

遠程飛行就像在跑一場不知道終點何在的馬拉松，一直希望下一刻抵達目的地，但是永遠還有下個一刻等著自己。因此，在飛機上真的是相當考驗我青少年時期的定性。為了跟這種「失去時間概念的遠程飛行挑戰」拚搏，我失敗過許多次，且每次都以慘敗做收。

自己試過最痛苦的方法則是：在上飛機前通宵熬夜數日。自以為只要把自己弄得很累，上飛機那天就能因此睡得非常好。

但事情還真不如傻孩子我想得這麼簡單。事後證明，這招堪比武俠小說裡的「七傷拳」：使用者若功力不足，將造成自身悲痛的內傷。可以的話，我想對當時的自己說：「非習武之人，千萬不要輕易嘗試。」

那一年悲慘的過程，我的記憶至今依舊清晰。因為熬夜所導致不佳的身體狀況，讓整趟搭機過程痛苦異常。本來遠程的飛行已經夠難熬了，加上熬夜的反撲，旅途的痛苦像是被放大了數倍。除了整趟飛行過程無法入眠外，我也感受到內心深深的懊惱——懊惱自己怎麼這麼傻，居然能將自己搞成這副悲慘模樣。

這一回合我敗得好慘啊！但也正因為如此，才開始認真思索，未來該如何面對這個不得不慎的問題。

我開始嘗試在搭飛機前做一些改變。首先，我在上飛機前的夜晚不再熬夜。睡得好，身體狀況、心情自然也跟著好，就有體力去面對任何挑戰了。

接著，我也開始學會如何在機上轉移注意力，而不再專注於時間上。因此，我將搭飛機與「遠程飛行挑戰」的負面連結打破，嘗試建立一種新的正面連結。而一個正面、在飛機上能輕鬆執行，又最能消磨大量時間的方法應當就是「閱讀」。當我們很專注的讀完一本書時，通常一天就這樣過去了。而這世上似乎也沒有比遠程飛行，更能讓自己享受閱讀的完美時刻了。

我回頭看看後發現，自己越來越不害怕沒有時間概念的遠程飛行了，更在不知不覺中，慢慢的克服它了。

仔細想想，這時代的人由於網路的便利性與社交需求，經常會被各種資訊剝奪與自己獨處的時間，而漫長的飛行時間正好將這一塊還給了我們。

「當命運交給你一顆酸檸檬，你要想辦法把它做成一杯可口的檸檬汁。」

——人際關係學大師 戴爾卡內基

先鎖定一個值得努力的目標，不管多小都可以

〈蒙娜麗莎的微笑〉裡動人的神情、〈最後的晚餐〉裡呈現出的複雜情

緒，皆來自於達文西的一筆一畫。〈沉思者〉雕像的思想矛盾、〈吻〉所揭露出的人類情感，皆出自於羅丹一刀一刀深邃的打磨。

從達文西留下的親筆手稿中，可以發現他對於細節觀察的苛刻追求。這或許就是他之所以能描繪出許多唯妙唯肖的作品主因。值得一提的是，從他的手稿中，也能看到他勤奮的記下靈感。可想而知，其巨大成就與創作天分，除了源自於他的洞察力外，更多的是勤奮與努力。羅丹亦是如此。

「生活中不是沒有美，而是缺少發現美的眼睛。」這正是羅丹說的，表示他不僅專注於雕刻上，更傾心於留意生活中的每一個小細節。想必，這些都是強者之所以為強者，刻意為自己鎖定的小小目標吧！

所有的曠世巨作都不是一蹴可幾。設定遠大的目標是好事，但行動要從小處著手，一步一腳印的前進。

我很推崇曾在英文課本裡看過的三個心法：

一、「Action speaks louder than words.」（坐而言不如起而行，行動比語言更有力量。）

二、「All things are difficult before they are easy.」（萬事起頭難，起頭後就不難。）

三、「We can't build our reputation on what we are going to do.」（我們無法用自己將要做的事來建立信譽，信譽始於我們努力累積的成果。）

試想，如果我在一開始打算接受生物課的翻譯任務時，就已經想著要如何才能做出一番大事，那壓力豈不是如山般大？可能光想到這點我就已經默默的把想舉起的手放下了。

只要找到開始前進的第一股動能，就不需要預設遠大的目標，只要在當下盡心盡力，時間久了，小小的動能，也終能積累成如核爆般的驚人力量。

我們應該習慣於積累這樣的成功動能，直到屬於我們的時刻到來，一口氣，讓這股力量改變自己的世界。

「千頭萬緒，不如盯緊一個值得努力的小目標。」

建立屬於自己的智庫團

不論是「三人行必有懂王」，或是「當我們真心想做好一件事時，全世界都會來幫助我們」等，你首先能做到的，其實是嘗試建立屬於自己的智庫團，也就是召集一群能夠務實提供我們幫助的夥伴、朋友們。

「智庫團」「智囊」這類名詞或許聽起來與一般人有點距離，但相信你對它們並不陌生，也大致能想像其功能性。其實，這不只屬於高階主管、政治人物、老闆們，這個名詞離你一點都不遙遠，適合自己的智庫團一點也不難建立。就算沒有實質建立一個明確的智庫團，也千萬不要忽略它的效用。

每個人在小時候大多都曾有過這麼一段懵懂、像是好奇寶寶一樣的成長期，從一開始的什麼都不懂，凡事都要巴著父母們問：「為什麼是這樣呀？」到慢慢有了自己的交友圈後，發現大家都是不一樣的、有著不同的興趣與嗜好後，因此也經常能從彼此身上學到許多事物。父母其實就是我們的初階智庫團，隨著我們慢慢成長、交友圈慢慢的擴大，好朋友們順理成章成為了進階版的智庫團。

我們頻繁進出的知識寶庫並不僅止於教室或圖書館的書卷裡，朋友們的知識與經驗也如同百科全書一樣，是生活在你我身旁的寶庫。我們不但能從朋友身上得到許多幫助、看待事物的多種角度、生活娛樂的資訊，也能獲得是課堂筆記、研究內容、了解最新時事的發展等。同樣的，我們也能隨時成為朋友們的諮詢對象和知識庫，各自分享自己的專長，互相得到啟發。

若能將朋友們解讀成自己的智庫團，並常與他們進行知識與經驗的交流，不僅可以促使我們活得更精彩，還可以篩選出適合自己的學習方向與目標，有機會進行跨域學習外，也能幫助我們找到適合的工作。

儘管智庫團可說是一個重要且會呼吸的知識寶庫，但我們仍需小心和提醒自己：「師父領進門，修行在個人。」許許多多的人事物都是如此。

專屬智庫團幫助我的就業面試百戰百勝

在美國求學時，曾經有一段時間非常流行「智庫團」，認為朋友們之間的專業、興趣、喜好與個人意見是幫助我們邁向成功的一盞明燈。比如說，馬斯克、愛迪生、亨利福特、達文西等，都曾經提及自己擁有「智庫團」。更不要說我們熟悉的行政高層們，眾人無不努力在創建自己的成功團隊、高階智庫團。

我想，智庫團是能夠被養大、養肥，而且等級無上限的。因此，就算你當前的智庫團等級不夠高，也不需要擔心。當下能做的就是持續創新與升級自己的智庫團，當然，也千萬不要吝於成為朋友們的智庫團中的一員。

我接著要分享一個智庫團很有效的例子：一場面試的實戰應用。

「總之，我得先想辦法通過面試這關呀！」收到面試通知時，我腦中很快浮現出那些具有相關專長好友們的臉龐。我知道這時的首要之事就是將他們湊齊在一起，成立一個「面試智庫團」好好討教一下，蒐集半導體領域最新的市場、進展、瓶頸，以及未來幾年的展望。

其實，面試就好比是一場戰役。面對戰役時，《孫子兵法》曾教過我們，在還沒站上戰場之前，做好充足準備的人就會獲勝。你該深信：少做準備的人不容易得勝，而不做準備的人，絕對會慘敗。

我發了不少訊息告訴友人們：「下週一我要去面試，想先模擬一下，請你們當我的面試官，大家來玩個模擬考吧！當然，我更需要的是大家提供一些參考意見！」

「你覺得面試官會問什麼問題？」「這個職位需要的是什麼樣的人才？」我們試著從不同的角度來思索這些問題。後來眾人下了一個結論：他們敢邀請你這個對半導體領域完全不熟悉的人來面試，應該是需要找一個具有跨領域專長的人。

對呀！想清楚這層原因後，我不就正好是最佳的人選嗎？當然，我並不知道實際的狀況為何，但是就算自己不是最佳的人選，這個氣勢也不能輸呀！其他該準備的問題當然也不能忘，像是要如何展示出自己的想法、理念，以及所能貢獻的專長，並且嘗試找尋適合表達的呈現方式。

這樣臨時湊起來的智庫團效果奇佳，事實上，就算這個智庫團裡的朋友們對半導體領域不甚清楚也完全沒有關係。

為什麼我會說這個智庫團效果奇佳呢？

就結果論來說，它除了幫助我釐清自己所要強調的重點是什麼以外，也藉由模擬面試，修正了數次自己的應答方式，並發現許多細節上的問題。

不過要強調的是，智庫團確實好用，但是對於重點的回答、呈現方式、延伸性還是要靠自身的努力與學習才能回答到位。事後我也很順利應徵上適合自己的工作。

最後值得一提的是，在我的經驗中只要有獲得面試的機會，都能順利獲得工作。我想這個答案應該很清楚：因為我有一個可靠和給力的智庫團吧！

為自己的學習地圖負責

處於異鄉的留學生難免因為語言及文化的差異，在校園生活中備感挫折。然而，失去的信心，偶然間卻能透過數理找回來——很多害怕數學課的學生，到了國外竟變成了同學們羨慕的數理學霸。

確實，在填鴨式教育下成長的亞洲學生，通常都很擅長透過紙筆和心算，快速回答出考卷上的問題。相較於計算速度比較慢，有時候還需要依賴計算機才能得出正確答案的美國學生來說，亞洲學生可能考試時間不到一半就能交卷了。也因為如此，我們多少會產生這樣的迷思：認為美國高中的課程非常簡單。但其實這是一個片面的說法，因為課程的難度，取決於學生的興趣與個人選擇。

我是在開始接受美國高中教育後，才明白這個道理。相比於亞洲較制式化教育系統，美國學校更重視個人化的喜好和適性發展，老師會引導學生自行選擇想要修習的課程，協助學生安排課表，打造屬於自己的學習歷程。

當然，即使美國學制相對開放自由，但也和我國一樣有義務教育，為因應社會觀感及工作需求，多數的年輕人至少都會取得「高中文憑」。甚至有些美國州政府，仍會提供免費的教育資源，要求孩子們在十八歲之前必須在學校學習。因此，身處美國的教育制度裡，就算你總懷疑自己為什麼要去念書，仍然需要讀到至少高中畢業，完成義務教育才行。

在高中課程要求上，大致可以區分為：「一般等級」「榮譽級」或者「進階先修級」，教材的深度與範圍也有調整的空間。舉例來說，美國高中的進階先修級課程「微積分」還可分為「微積分AB」和「微積分BC」兩種版本。第一個版本就是將大學一學期的微積分課程在高中一年的時間上完，而第二個版本其實就等於修了兩學期的大學微積分，難度更勝於前者。

美國高中畢業生必須要學習至少兩年的數學課，並至少要對微積分有初步的認識。因此高中四年只要選擇相對容易的「幾何學」或者「代數一」，再加上「預科微積分」就能順利過關，這樣的數學程度不難，亞洲學生當然能輕易達成。但如果想要先學習困難一點的數學，學生也可以選擇諸如上面提到的進階先修微積分BC，還有像是統計學、線性代數等。

所以美國的高中數學課也是有其精深的一面，而大部分的學生會選擇比較簡單的數學課，是因為他們也和大部分亞洲學生一樣，不喜歡複雜的數學公式。不同的是，美國高中教育制度鼓勵學生選擇更合適自己的課程，以此培養出為自行選擇的課程負責任的態度。

如果是自己選擇的課程，那理應就是自己喜歡和適合的課程，學生除了會有更多動力去學習以獲得好成績之外，更會對自己的選擇負責。如果在高中時無法學習這樣的心態，上了大學後，你更應該好好把握能安排課表的機會，千萬不要在大學裡抱有「由你玩四年」死心態，出了社會後才發現「畢業等於失業」。

大學由你玩四年，人生懊悔數十年。

子彈筆記 ㉓

關於準備力

⊕ 不要錯過踏出成功第一步的好機會。把握每一次累積的機會，蓄積自己的爆發能量。

⊕ 最好的防守，就是進攻，遇到事情時，只要你願意主動舉手去做，成功就在不遠處。

⊕ 錯誤可以使我們學習，刪去法能讓我們更清楚該怎麼做，進而磨練自己的實力。

⊕ 嘗試建立一種新的「正面連結」吧！可以是一本書、一句話，或者一個有趣、屬於自己的特殊儀式。

⊕ 達文西專注於追求生活中的細節觀察，羅丹的名言是「生活中不是沒有美，而是缺少發現美的眼睛。」千頭萬緒，不如盯緊一個值得努力的小目標。

⊕ 維持動能的三個重要心法：「坐而言不如起而行，行動比語言更有力量」「萬事起頭難，起頭後就不難」「我們無法用將要做的事來建立信譽；信譽始於我們努力累積的成果」。

⊕ 朋友就像是會呼吸的知識寶庫，與他們交流可以獲得許多方面的寶貴知識及經驗，讓我們能實踐真正的跨域學習。當然，別忘記父母和親友這個初階智庫團。

⊕ 你可以不喜歡微積分，但你要對自己的將來負責。你所學習的課程，都會是未來避免「畢業等於失業」的保險。

「準備自己動能」的大哉問

Q 上一次拒絕嘗試新事物的原因是什麼？這個原因的背後是什麼呢？

Q 遇到哪些挑戰，你會變得像是另一個人似的，永遠不會說「不」？請嘗試寫下二十個關鍵字。

Q 你會用什麼方式建立起與挫折的「正面連結」？又會建議你的朋友用什麼方式面對挫折呢？

Q 今年的目標是什麼？三年後的目標是什麼？五年後的目標又是什麼？

Q 你有依靠智庫團而獲得成功的經驗嗎？什麼樣的智庫團對當前的自己和朋友最有幫助呢？

萬事起頭難，
起頭後就不難。

Chapter 4 抗壓力

若能好好運用環境的壓力，
你也能優雅的端出一百二十分的成果。

好的壓力，才能在生命中留下意義深刻的痕跡

沸點，意指液態物質轉變為氣態物質需達到的溫度。考量大氣壓力的影響，沸點的變化在生活中隨處可見；它遇強則強，遇弱則弱，在高壓力時沸點高，低壓力時沸點低。

以水為例，在空氣稀薄的高山上，大氣壓力會比平地還要來得低，水會在八、九十度時開始沸騰。若我們能將大氣壓力提高到正常狀態的兩倍，水的沸點溫度甚至會提升至一百二十度。如此大費周章的提高沸點有什麼好處呢？

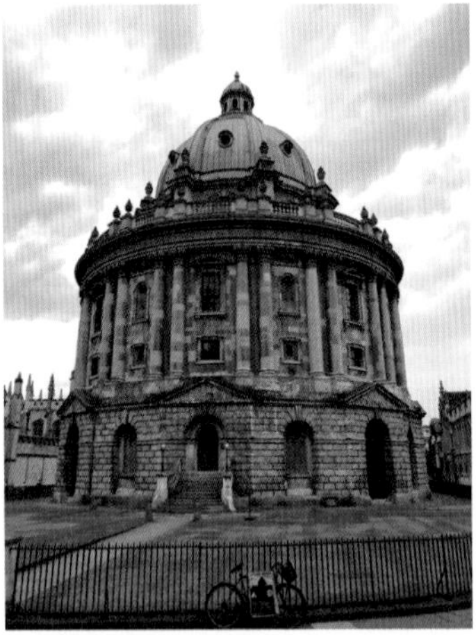

舉一個烹飪時常見的例子，在較大的壓力與溫度下，不僅能大幅度縮短燉煮時間，也更能逼出食材中的營養元素。現代流行的壓力鍋正是利用這種跳脫一般大氣壓力的限制，創造出好的壓力來幫助我們烹飪食材，尤其是那些「頑強」的食材們。

如果我們在面臨各種挑戰時善用壓力，或許也能像壓力鍋一樣，在兩倍的壓力條件下，逼出自己「一百二十分」的能力，並在最後開蓋時，讓端出來的成果看起來是那麼的輕而易舉。就像是在地底深處，高壓高溫的環境下，鑽石開始生成，而在低壓的環境下，我們甚至可能無法將米煮熟。

壓力可大可小、可明確可模糊。唯有那些適合自己的壓力、好的壓力，才能在生命中留下意義深刻的痕跡。

用腦估算眼前的建築物有多高

在曼哈頓島上城區一百二十、一百二十一街，以及河濱道之間有一座「河濱教堂」，一座跨教派、種族國際性的教堂。這座教堂位於哥倫比亞大學周邊，在稱之為「晨邊高地」的地區，有著近一百二十公尺高的高度。我曾站在它的高點欣賞校園和這塊高地區域，也曾和許多朋友們在地面上，仰望它的高聳。

「你覺得它有多高？」史坦這樣問我。史坦是物理系畢業的高材生，有趣的是，其實他的高中物理曾差點被當，因為他要求老師，七十分才可以算他及格。

當時，我們和許多在這邊念書的同學們一樣，很喜歡在曼哈頓島上的河濱公園慢跑、散步。當他這麼問的時候早已心裡有底，盤算著要如何秀一下自己的三角函數技巧來估算這座教堂高度。

「這是個有趣的問題……我想大約有一百多公尺吧！」我說。

「我們來想想看，是不是能用物理和科學的方式來評估出它的高度。」

「對了，我們可以從教堂牆壁處往外走，先估算步數與距離的關係。」

「走到大約我們與教堂最高處呈現四十五度角的時候，再透過畢氏定律，就可以很快估算出教堂的高度了。」

史坦開始自顧自的走著和碎碎念。他不愧是物理系出身的高材生，和他聊天時經常離不開那些如何用物理來看待世界的有趣話題。

答案揭曉，史坦估算出來的結果與我們後來上網查到的結果還真是相去不遠。這段小小的經歷非常有趣，這麼多年過去了，我仍舊記得這個教堂的高度。而我想說的是，由於目前身處於人手一機、非常便利的時代，大部分的資料都能透過網路隨手查詢，但如果我們面臨這種小議題，只選擇順手查個資料，或許就會失去許多有意義的回憶。

儘管這只是生活上一個有趣的例子，但下次遇到問題的時候，我們是不是都能忘掉手機查詢的功能，選擇靠自己仔細去推敲出答案？就像當時的我們一樣，推算出這座位於一百二十街，而高一百二十公尺的河濱教堂。

找出自己能承受的壓力值

小時候有一種處罰，到現在想起來仍是記憶猶新。那份痛苦和一般的挨揍不同，它不是線性的、短期的，而是倍增的。那就是：將你的手臂舉高，然後不許放下。

受罰的同學們一開始總能嬉皮笑臉，又自信滿滿的認為：「不過是舉起雙手而已，想舉多久就能舉多久啊！」成年人一隻手臂的重量大約為七至九公斤重，約占總體重的九分之一。因此，一名體重三十公斤的小學生一隻手臂大概也有個三公斤吧！

果不其然，被處罰的學生一臉輕鬆的舉著雙手，過了十分鐘依舊神情傲然，展現出不當一回事的氣場，認為自己是這群學生裡最厲害的，而老師的處罰根本不算什麼。然而，隨著課程來到尾聲，在五十分鐘的授課過程中，他還是忍不住開口問了：「老師對不起，我手好痠，舉不動了，可以將手放下來了嗎？」

「當然，你可以放下來休息了，下次不要再犯錯了。」

我想，手臂和壓力完全可以當作是同一回事。平常舉起手臂並不會感到特別痛苦，舉個十幾分鐘根本不成問題。可是當我們長時間一直舉著手，便會開始覺得力不從心。如果我們有辦法舉著手持續一天，甚至是一週呢？那可能就得擔心了，因為我們要不是超人，就是手已經脫臼了。除此之外，這之間的機會成本也流失了，試想，若我們一直舉著雙手，又哪來的手舉起新的東西呢？

這段回憶想表達的道理其實非常一般，但實際上要能做到卻是非常的困難。我想，凡事我們都需要多練習，也要多了解自己。明白自己能承受的最大壓力其實並不難，只要接受的挑戰多了、學習到的經驗充足了，就會慢慢明白自己能夠適應的壓力值到哪。

而當我們走遠了，有更開闊的舒適圈地圖後再回過頭來看，將會發現曾經的水深火熱，現在早已不足為奇，或許我們也早已準備好舉起下一個挑戰，解鎖下一個版本、成就更好的自己。

加速提升抗壓力的不二法則

要使一個固態材料，在長時間的壓力作用下，變得更小的方法稱為「壓密」，壓密的變形行為不會在固態材料受壓力的當下即時反映出來。但只要時間久了，即便施加的壓力極小，固態材料也能累積出相當可觀的可視變形量。

如果我們將一個色彩繽紛的玩具黏土放在桌上，再將手機平穩的置放在上面。若我們捨得離開手機夠久，再回過頭來看這塊黏土時，就可以觀察到它出現明顯的壓密行為。

一個現代典型的例子就是日本的關西機場。這個機場建置於海埔新生地上面，因為機場本身的重量和頻繁的起降衝擊，關西機場的海床早已下沉超過十多公尺。這座機場之所以到現在還沒沉入海底，主要是依靠當初在建造機場時，於海底超前部署的千斤頂柱子，並定期將機場往上頂，才能讓機場依舊繁忙的運作著。直到現在，還是有許多研究指出在未來五十年內，這個機場將完全浸泡在海裡。

然而，黏土和關西機場的壓密過程都是有極限的。只要達到某個階段以後，就很難再將它們壓密。這時候，我們開始在上面搭建機場，這個機場將不會再有任何的下沉。

那麼，壓密的過程是不是能加速呢？難道一定要等五十年後，關西機場下沉後才去蓋新的機場嗎？

好消息是，壓密過程是能夠加速的。加速的方式就是給予更大的壓力。若在繽紛的黏土上放上十公斤重的啞鈴，在一定的時間內，它的壓密行為肯定比放上手機來得更為明顯。

仔細想想，就如同繽紛的黏土和關西機場，人其實也一樣，提早承受壓力不見得是壞事，它反倒可以幫助自己快速成長，密實我們抵抗壓力的能力。成長時間只要久了，身旁的人也都將明顯的看到我們面對壓力時的無堅不摧。當然，也唯有抵抗壓力的能力密實完成了，才有辦法去承擔那些異於常人的壓力、成就更大的事業。

一場人生坦克車遊戲

「你必須得到一千分。因為只要誰先得到一千分，誰就能獲得坦克車。」這個遊戲規則出自於電影《美麗人生》，片中父親對同處於集中營的五歲小童所虛構與創造出的「坦克車遊戲」，目的在於守護他的幼小生命。

我們不難想像，二戰時期的集中營該是何等糟糕的環境，困在裡頭的每個人都承受著巨大壓力，不知道下一秒會發生什麼。但是，儘管在如此糟糕且壓力山大的環境裡，飾演父親的主角，仍能絞盡腦汁、堅持不放棄希望，只為保護自己心愛的孩子。

最終他編造出了「坦克車遊戲」，讓必須依靠躲藏才能求得生存的五歲小童，順利在這艱難、如同地獄般的集中營裡生存下來。

事實上，這個「坦克車遊戲」的玩法一點也不輕鬆，沒有一丁點遊玩的感覺，彷彿也看不到遊戲的盡頭何在。對這名小童而言，要想獲得這一千分，簡直難如登天。過程中，小童必須無時無刻堅守眼淚、不能思念自己的母親、還得耐住飢餓。正常來說，要不是因為他以為自己只是在一場遊戲之中、以為自己只是身處於一個夏令營裡，我們很難想像一名五歲小童能在那樣的環境裡存活。因為，只要他不小心犯了一丁點失誤，遊戲將隨時結束。我們知道小童參與的從來都不是一場遊戲，由於他毫無勞動能力，一旦被發現，就會被假借為洗澡的名義送往毒氣室，所以這種種一切總特別揪心。

從電影裡可以看到，如何做才能讓這名小童在這場坦克車遊戲一直玩下去，直到最後一刻呢？

一、讓小童深信這是場「現在進行式」的坦克車遊戲，透過眼見為憑看到其他玩家。

二、告訴小童目前他的積分領先，且有最大的機會贏得坦克車。

三、知會小童能夠隨時退出這場遊戲，但這也意味著主動放棄即將獲得的坦克車大獎。

在艱難的情況下，父親始終能在小童面前強作鎮定，讓小童深信他們仍在這個「坦克車遊戲」裡。若從小童的角度去思考，我們會發現，儘管身處在非常高壓、惡劣的環境與條件之中，只要他心裡不這麼想，認為這只是場遊戲，那這就只是一場大家搶著想獲得坦克車的遊戲罷了。

從父親的角度思考，我們可以發現他對孩子和太太充滿了愛，並堅信「不慌不忙，事情才能往好的方向發展」，儘管我想他的內心其實正在淌血哭泣吧！恨不得自己有飛天遁地的能力，直接帶孩子離開這個集中營地獄。

若想像成我們是一群正在進行「人生坦克車遊戲」的迷茫玩家們，或許可以借鏡劇中的告誡與技巧：

一、想像自己正在進行一場「人生進步遊戲」。只要左看右看後，不難發現周圍許多人都正積極努力求進步中。或許會有技術不好的玩家，但我們很少看到不願成長進步的玩家。

二、相信自己能隨時隨地離開，不會被一場遊戲絆住手腳。有這樣的認知後，我們將知道條條大路通羅馬，也因此能更容易發現那些被隱藏起來的康莊大道。

三、告訴自己，不管在任何一場人生遊戲中，我們的積分都是領先的、最有機會能獲得勝利。如此一來，就不會過早放棄即將獲得的回報與勝利喜悅。

其實，很多時候我們並不需要將這些複雜的心理機制做任何的心理學連結。在大部分的情況下，只要能了解不同的意見、不抱持固有的成見、願意接受與接納不同的想法，不管情況聽起來多可笑、多麼傻、多麼天馬行空，或許將更有能力發揮出超越自己所預想的能力。試想，小童若無法受教和相信這場虛構的坦克車遊戲，他也無法發揮出超乎五歲小童能力以外的驚人潛力吧？最重要的是，他最終順利的存活下來，如願見到他心目中的坦克車。

在現實中的許多時刻，我們無法選擇進行什麼樣的人生進步遊戲，也無法在參加遊戲之前做好萬全的準備。但任何一場人生遊戲中確實有這麼一招能幫助我們，那就是將挑戰當作一場遊戲，並展現出自身的堅持忍耐、努力付出，以及全然的用心。

相信善意謊言的我們，就算因此被當成是傻子也完全沒有關係。

小心「倖存者偏差」的誤導

壓力是一個很神奇的東西，它不見得適合每一個人。我知道有許多朋友在面臨壓力時，往往都會表現失常。比如說考駕照時，我就有不少朋友在練習的情況下能表現出完美過彎、S型前進後退、上坡起步等。但只要在考試的當下，他們總會不小心犯下許多壓線的致命錯誤。但幸好在經歷多次的失敗後，都能順利通過駕照考試，獲得在馬路上開車的合格證照。

若提到「倖存者偏差」這個詞，我們也必須要提到二戰時期的經典例子。這個故事大概是這樣的：曾有一名哥倫比亞大學的教授沃德．亞伯拉罕，透過統計學計算出飛機的機翼是整架飛機最容易受到砲火襲擊的位置。相比之下，發動機卻是最少受到砲火襲擊的位置。因此，這名教授提出的意見是：「發動機的防護必須被強化。」他給出這樣的建議並不是那麼的意外，全因他試著避開倖存者偏差所給予的誤導。由於此次統計的飛機數據，都是經歷過砲火襲擊後仍能安全返航的倖存飛機。換句話說，那些發動機被砲火襲擊的飛機，想必都已經成了墜落而無法返航的失事飛機。

另外，還有一個典型的詐騙手法也是慣用倖存者偏差的誤導。曾有一名騙子，他同時發送電子郵件給一千人，其中他對第一組的五百人，大膽的告知明天大聯盟棒球比賽A隊將勝出；第二組的五百人，大膽的告知他們B隊即將勝出。答案揭曉後，A隊獲勝。接下來的發展，我們大多能猜到，他只是將第一組的五百人再分成第三組的兩百五十人及第四組的兩百五十人，並告知他們C隊或D隊即將獲得勝利，以此類推。直到最後，他會要求那些一路碰巧獲得正確答案的某組人員支付他少許的顧問費，並預測下一場勝出的隊伍為何。這是一個糟糕的手法，從這個手法中我們最不該忘記的就是那些被給予錯誤答案的人們，如同那些被擊落而無法返航的飛機。

我想提醒的是，確實，很多時候還真不是只要我們努力、選擇承擔更大的壓力就能成功的。每個人都很與眾不同，客觀條件與生活理念也都是獨一無二的，不是所有人都能處理與面對各種壓力。

因此，我們更要努力活在當下，處理好自己所面臨的各種壓力，放下也好，適度的舉起也罷——只要不被打敗、被壓垮、被壓扁，它們都必將是使我們變得更為茁壯的養分。

幽默感能對抗挫折

「幽默感能幫助我們對抗挫折。」這句話或許聽起來抽象，事實上，只要我們能善用它，生活中有再多的不如意也都將迎刃而解。

回想在美國高中時期的文學課，裡面經常會出現一名幽默的大師級人物——馬克吐溫，他曾說過：「人類確有一件有效武器，那就是笑。」馬克吐溫最讓大家印象深刻的兩部作品當屬《湯姆歷險記》及《頑童歷險記》。他藉由講述小主人翁們機智、勇氣、毅力、幽默、善良的故事，探討美國在一八五〇年的奴隸制度，並對當時的社會給予幽默和扎實的批判。

回想剛到美國當小留學生時，常常覺得很孤單、寂寞、沒朋友，生活上有許多不適應。尤其以前在臺灣有非常多朋友，一出國等於都要斷了連繫，在人生地不熟的環境下，生活圈也變得非常單純。當時沒有手機可以和臺灣的朋友們連絡，也由於網路尚未發達與普及化，上網還要透過撥接。真想要和以前的朋友們保持連繫，大多只能透過購買電話卡，才有辦法打電話回臺灣。

由於臺灣和美國時差的關係，美國的白天等同於臺灣的半夜，因此也很難和以前的好友們保持密切的連繫。電話卡也不便宜，我記得一張大概要二十美元，然後也只能通話幾百分鐘。最貴的是接通費，只要電話一接通，還會被扣掉兩美元接通費。

不管怎麼保持連繫，由於彼此生活圈的巨大改變，不消幾年，自己和過去朋友們間的友誼，也會很自然的產生一些質變，畢竟大家都會成長，也都會結交新的朋友。因此，在後來的時光，我也會慢慢的被過去的朋友們遺忘，被排在新朋友的順位後面。每年回臺灣都可以感受到自己早已慢慢被過去的朋友們邊緣化。

由於每次回臺的時間也不長，隨著年紀漸長及社會的變遷，要能在大街小巷上結交到新朋友也不像過去那麼容易了。

那時候的我也經常跟家人抱怨學業真的好難、不喜歡美國的生活、想念臺灣的朋友們、想回臺灣等等，而在臺灣的家人也從來沒有逼我一定要完成學業。

上了高中後，身處異鄉的自己也越來越像個小大人，不像過去在臺灣，只是一名野孩子，知道自身的責任是要先將書念好，而不是嚮往無拘無束的生活。

「沒關係，如果真的不想念了就回臺灣，至少你的英文會比別人好，不用擔心找不到工作！說不定還可以去當個外交官呢！」父親經常會用一種幽默和誇張的口吻來鼓勵我，告訴我其實我是有能力克服這些難關的。

他知道我從來不是一個好高騖遠的小孩，因此他這些話語常讓我覺得好笑，想著：「哪有那麼簡單呀！」但其實也因為笑過後，才能稍微放輕鬆的想著：「是呀，我來美國這麼久，之後回臺灣當個英文老師應該也沒什麼問題吧！」

然而再仔細想想，反而會開始感激家人的支持，覺得不能辜負他們的期待，就算硬著頭皮也得咬牙把學業完成。不是說當英文老師不好，只是我至少也得將該盡的學習義務完成，不能辜負他們對我的期望。

還好後來在美國因為打籃球的關係，交到很多新朋友。運動是一種國際語言，也是建立友誼的好管道。漸漸的，我不再拘泥於認為自己在美國的朋友很少這件事，也慢慢適應西方教育那更獨立的一面，發現越來越習慣與自己相處，許多事情其實都可以獨立去做，並不是每件事都一定需要呼朋引伴。

運動可以幫助抒解壓力

在養成獨立思考的成長過程中，每個人會形成不同的觀點和見解。在國中、高中和大學階段，要吸收海量的資料，隨時備戰，把考試考好；在研究所時則是要懂得搜集、分析、彙整、驗證資料，並用自己的論點做出報告。獨立思考的養成在出社會後，也會變得更加重要。

相較於在學時，大多數的學習過程較為被動，然而，出社會後若想真正成為有價值、有貢獻的人才，你必須要更主動發掘問題、不畏懼嘗試並解決問題。唯有這樣的認知，在工作上才能夠獨當一面。進入社會工作後，你不能期待有人會時時刻刻盯著你、幫你安排進

沒有過不去的瓶頸，只有過不去的自己。

度。這時候如果遇到瓶頸了，進行不下去的話該怎麼辦？

通常在遇到難題時，我們最常被期望做出的反應就是要勇於挑戰、面對困難、努力解決等等。現代這種凡事快步調的節奏，很容易讓人長期處在「備戰」狀態，過勞而損及了自己的身體。

這時不妨暫時遠離痛苦根源，放下工作到外面跑步吧！

跑步的時候，我會放下所有的煩惱，不和任何人交流，在一個人靜默的世界裡享受自由與寧靜，看著公園裡的大樹，讓微風吹著身體，使煩躁焦慮的感覺隨著汗水流逝。一開始大約只跑三千公尺，但每次跑步我都會想再多跑一會兒。這次想說等跑到下一棵大樹再休息，下次又想說再多跑一點兒，到那座路燈再休息好了。於是每次都不知不覺越跑越久，最後居然意外的養成了跑馬拉松的體能，還完成三鐵挑戰。

你偶爾會遇到這些時刻，比如說書念不下去了、實驗怎麼做都失敗、提筆時就是沒有靈感，寫不出任何一個字。當繆斯女神離你遠去的時候，總令人感到沮喪。這種沮喪具有一種滲透性，會誘發出焦慮緊張的情緒。當你處在焦慮或憂鬱的情緒中，會覺得更加提不起勁、思考困難、無法專注。這時運動就是最佳解方。

如果你不喜歡跑步、健身，當然也可以選擇散步、快走等輕度的運動。做任何事情遇到瓶頸時，大可以暫時把問題放著，去從事任何運動。回來後，你就會有新的靈感，問題將迎刃而解，同時也會發現，原來遇到瓶頸是件好事。運動一次不行，就運動兩次，透過規律的運動習慣，定期、定額的幫助自己抒解壓力。然而需要注意，使用這個方法的前提是，必須做好適當的時間管理，如果你將問題拖到最後一刻才面對，就算是上帝或佛祖也救不了你。

子彈筆記

㊂

關於抗壓力

⊕ 善用壓力的特性，可以協助我們做更多的事，如壓力鍋就是利用這個特點，大幅度縮短燉煮的時間，也能逼出食材中的營養元素，若能好好運用當下環境給的壓力，你也能優雅的端出一百二十分的成果。

⊕ 雖然網路的便利性能在極短的時間內獲取資訊，但同時也失去了思考的樂趣。因此，有時候不妨放下手機或電腦，試著和朋友討論出一個問題的答案吧，你將會留下許多有意義的回憶。

⊕ 壓力「舉得起，放得下」。學習善用壓力，讓我們走得更遠，也能更了解你適合的壓力值何在。

⊕ 壓力所帶來的成長不會在承受壓力的當下即時反映出來，但只要時間夠長久，即便只是施加極小的壓力，也能累積出相當可觀的成長曲線。

⊕ 提早承受壓力，能幫助你提升抗壓的能力，並讓自己快速成長。

⊕ 選擇相信「善意的謊言」，將嚴峻的考驗當成一場遊戲，發揮出超越你所認識的自己的能力。天馬行空的想像，絕對能幫助你突破自我。

⊕ 幽默感能幫助我們對抗挫折，生活中有再多的不如意，也能夠運用幽默迎刃而解，止住哭泣最好的方法就是笑一笑。

「淬鍊自己韌性」的大哉問

Q 你曾經善用過什麼理論、知識、力學，解開過現實生活中的問題？

Q 你承受過最大的壓力事件為何？若滿分為十，你會給它打幾分的壓力值？

Q 你曾經有過什麼樣天馬行空的想像，或是對自己說過什麼樣的善意謊言來克服生命中的挑戰呢？

Q 遇到重大挑戰與挫折時，請先深吸一大口氣；接著請想想看，如何運用幽默來鼓勵自己。謹記，你和成功人士一樣，都是能善用微笑，來對抗挑戰與挫折的。

Chapter 5 鼓舞力

明天的你為你加油，
後天的你叫你堅持，
半年後的你為你喝彩。

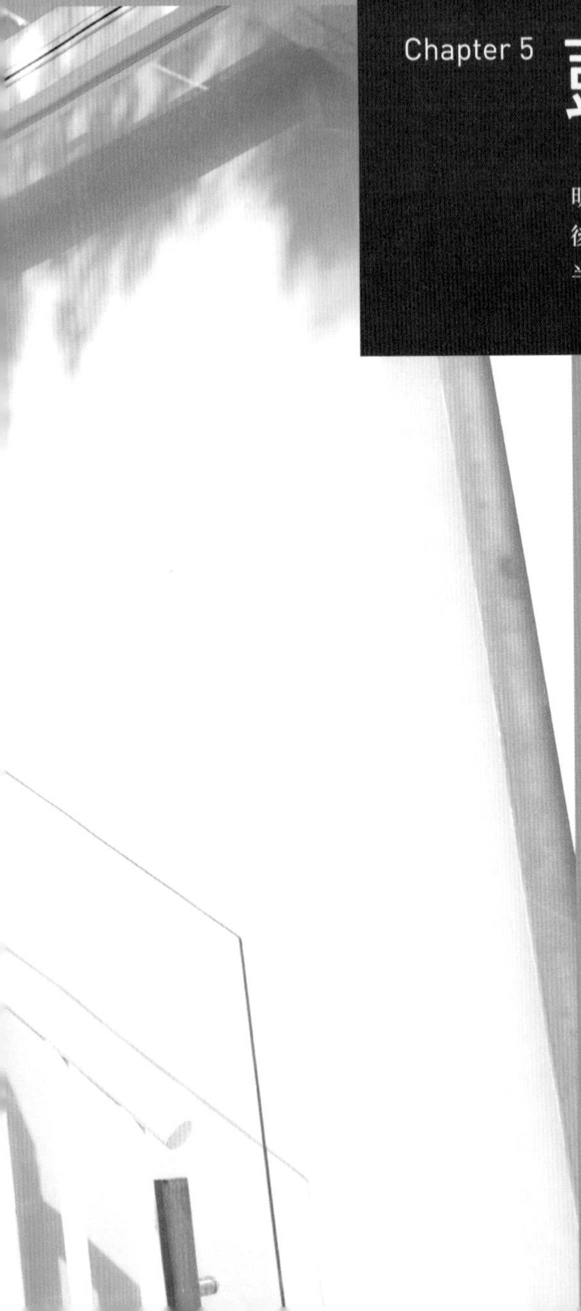

鼓舞的漣漪與渲染效應

個別的兩個粒子只要經過某段時間一起的相互作用與糾纏，並假設它們之間的量子態（Quantum state）[1]沒有被擾動，則不論現在它們之間的距離有多遠，都會有相關連的狀態，使他們就算分別在遙遠的不同空間中，依然可以即時相互影響。

舉例來說：「只要我們知道一個粒子的狀態，就可以不受距離之限制，瞬時知道另一個粒子的狀態。」這種如幽靈般的粒子糾纏效應，不論身在何處，都能互相影響，就是所謂的量子糾纏（Quantum entanglement）[2]。

這些難以解釋的糾纏特性，一直困擾著二十世紀最偉大的科學家愛因斯坦以及現代的我們。物理學家費曼亦曾說過：「我想我可以大膽的說，沒人明白量子力學。」連費曼都不懂了，更不用說要現代人完全搞懂量子世界裡的糾纏為何物，大概直教人生死相許了。

相較於量子間的糾纏，我們應該都能很輕易想像與理解「鼓勵」和「責罵」所帶來的「正面」及「負面」效果。如果賦予個別量子鮮明的個

1 意指量子系統的狀態，可包含位置、動量和角動能等物理量。

2 根據科學家當前對量子糾纏的研究，我們已發現「量子糾纏」的速度與量是相當驚人的——每秒能有高達約數十兆的粒子能發生糾纏。

性，像是樂觀與悲觀的粒子，將更能理解這種不論身在何處都能相互影響的糾纏效應。

因此，我們該做的就是將自己的某段時間，置放與接受正面粒子的相互作用與糾纏。這樣的正面糾纏效應所連帶的漣漪與渲染效應，絕對比量子糾纏還要來得厲害，而且一點都不複雜。

若我們曾與負面粒子有所糾纏也不必擔心，因為連結是能夠被擾動、破壞與重新建立的。

其實，事情並沒有想像中的糟

「Ching，你為什麼在考卷的填空題上，全部都填上了神和耶穌？」宗教課的老師用一種嚴肅的語氣詢問著，彷彿空氣都要凍結了。這裡是高中的輔導辦公室，在場還有一名專業諮詢老師，以及被約談的我。

被約談的起因是一張宗教課的考卷，一堂我本以為會像是輔導課，而不是像術科課程一般，不會有考試的課；或者說，就算有考試，我認為可能會像是探索自己的心靈或者對於神聖靈魂的探討。

我在宗教課的考卷上，將所有填空題都寫上了聖靈及耶穌。其實是因為不知道正確答案為何，而這樣的作法也可以說我幾乎是交了一份白卷給老師。

我在美國所就讀的高中是一所私立教會學校，擁有天主教傳統的基督信仰。在學校時，大家都需要著正裝、打領帶以及西裝外套，每天早上都要在教室裡進行全校型的「晨之祈禱」，為社區與身旁生病和遭逢任何不幸的親朋好友們禱告。平常也會看到很多有意義而且很用心的活動。

如果不符合服裝儀容的規定，就會收到警告或者一個現在想來都還是很有趣的「滯留卡」。這部分會在後面藉由一個有趣的小故事做說明。

宗教課裡，我們都被要求用一個很嚴謹的態度去閱讀《聖經》中的箴言及每一個章節，針對其內容做更深入的探討，試著提升我們對《聖經》的基本認識。

當時我是第一次接觸到宗教課，因此沒有意識到學校對於它的重視程度，直到被約談時才發現自己是不是倒大楣了，因為在這樣的學校裡，宗教課是一堂相當重要的必修課。

「慘了，他們該不會以為我是想要搗蛋或者對神聖靈魂不尊敬吧？」我擔心害怕的想著。

我當然不可能想搗蛋或有任何的不敬，應該說，我只是沒有意識到要考試呀，所以在寫考卷時，都是憑直覺和對聖靈的想像所填寫的！

從小在升學主義的教育體制下長大，只要考試成績不理想，老師總是會嚴厲的責罵、處罰，像是沒考到一百分的話，少一分打一下，所以很自然的會把考砸和課後約談與「滔天大罪」劃上等號。仔細回想，當自己在臺灣考試考差時，師長們通常是如何回應的呢？對我來說，雖然早已遺忘了，但確實不是什麼多美好的回憶。

我緊張且誠實的回答：「我在思考考卷上面的問題時，因為沒有做好充分的準備，所以就猜想，或許全能的神、耶穌以及禱告的力量都是這些問題的答案。於是就這樣寫上去了。」

宗教課和諮詢老師聽到「全能的神」時，同時笑了出來。可以感受到上一秒還有點緊張的氣氛，似乎變得和緩許多。

「Ching，你說的沒錯，我們都需敬畏耶和華是知識的開端。」諮詢老師微笑著對我和宗教課老師說。他要我不要擔心和緊張，並示意我下次千萬不可以再犯這種讓人好氣又好笑的錯誤。

「是的，謝謝老師！」我如吃了一顆定心丸般的回答。沒記錯的話，我的內心應該是：「呼，以父、及子、及聖神之名，沒事了」[3]。

3　包含晨之祈禱及任何儀式，我最耳熟的莫過於對天父的祈禱文：「我們的天父，願祢的名受顯揚，願祢的國來臨，願祢的旨意奉行在人間，如同在天上。求祢今天賞給我們日用的食糧，求祢寬恕我們的罪過，如同我們寬恕別人一樣，不要讓我們陷於誘惑，但救我們免於凶惡。」

相信，是人與人之間最重要的相處之道，
也是最好的鼓勵方法。

像是足球員在場上被發紅牌的課後滯留卡

「放學後，請至一樓大教室，乖乖坐著。注意，這個滯留過程中，你什麼事也不能做。」一張滯留卡通常代表五十分鐘。在這五十分鐘內，你不能講話、讀書、寫作業、睡覺，唯一能做的就是安靜的坐著。直到五十分鐘後，鬧鐘鈴響才可以離開。如果你同時拿到兩張卡，那就是明天同一時間，請準時再報到一次。

領取滯留卡的場景，有時候很像是在足球場上被發紅牌，或者像是在棒球場上被驅逐出場。因為領取的當下即表示當日課後的任何社團活動可能都無法參加了，而你該去的地方將變成是「一樓的大教室」。

精力充沛、熱中於課後運動的同學通常都很怕領到這張卡，但是在整個求學過程中，要是沒領過滯留卡倒是一件不容易的事。被發滯留卡有很多原因，包含講髒話、服裝儀容問題、沒完成作業、翹課、干擾上課、破壞規則、沒帶課本、惹怒同學、上課吃東西，或者任何讓老師不開心的事。

當然，如果小看了滯留中的規則也是不行的。「這位同學，滯留過程中，違規看書，再給你一張滯留卡。明天一樣請準時報到。」監督滯留同學的白先生（Mr. White）[4]這麼說。我想他應該也很無聊吧，要在這邊監督學生，還要確保大家什麼事都不能做。

更沒想到的是，這麼多年過去了，我居然還記得他的名字和他監督時那無奈的表情。

被滯留的同學們，在白先生的監督之下，將會被迫處於一個非常無聊的狀態。當我被滯留時，會看看左邊和右邊同學的側臉，發現每個人的眉毛都倒掛著，臉上則是掛著一抹苦笑；就連前方同學的後腦勺，好像也像是一個苦笑著的髮型。在這種這麼自由、沒有太多責罵的美國社會裡，當下，我才突然發現，這確實是一個相當有效的處罰方式，比打或罵來得更有效果，也更有啟發意義。因為，你將會有許多時間靜下心去思考。

有時，給予時間適當的「留白」不一定是壞事，反倒能成為幫助我們去感受自我的力量。

正向力小插曲，為人生帶來大大的改變

可能是在小留學生時期，每年寒暑假都想回臺灣的關係，我真的很常搭遠程需要轉機的班次。有時，為了想節省機票的費用，還會選擇轉機兩次才能抵達目的地的航班。

我到現在仍記得很清楚，在二〇〇〇年那個時代，還沒有臺灣直飛美國東岸的班機，那時候飛機多半需停靠在美國西岸機場轉機或於安克拉治機場加油。而在那次從臺灣飛往美東的班機，好巧不巧在抵達西岸機場前已嚴重誤點，我下班飛機的出發時間，也已經錯過了。

「天公伯呀，我怎麼這麼可憐，居然會遇到這種趕不上轉機的狀況？」無助的自己，在當下只能在心中如此感嘆著。

4 在美國高中裡，都會稱呼老師為 Mr. 或者 Mrs.，而不會稱呼他們為「老師」。

時間依舊在一分一秒之中流逝，就算再沮喪，它也沒有絲毫逆轉的可能。我低著頭走出飛機口，從登機門走入機場等候室時，不死心的再確認一次時間，「嗯，我確實已經遲了，飛機應該不可能會等我，畢竟我又不是什麼重要人物……」

意氣消沉是難免的，好不容易重拾精神後尋找轉機方向，低落的自己此時卻看到一組人員，正在等候我的到來。隨後，在他們的帶領下，一路快速的領取行李、通關，總算順利趕往至應已出航的飛機。過程中，透過機組人員的轉達才得知，原來班機一直在等我。當時很慶幸自己還能搭上飛機，連忙加快腳步，不敢有片刻耽誤。

就像是龜兔賽跑時，突然驚醒的兔子發現烏龜距離終點剩下不到十公尺的距離。和故事不一樣的是，這次兔子會贏！

很快的，我抵達了登機門。

同時，害怕給人添麻煩的負面思想也隨之襲來。本來好不容易能趕上飛機的喜悅，瞬間被「害大家一起被延遲起飛」的想法給籠罩。當下開始苦思著：「所有乘客都在等我登機耶！我如此拖累大家，這樣上飛機真的好嗎？」腦海裡不由自主的開始想像飛機上的乘客對我冷眼看待的樣子。

然而，接下來的發展卻令當時的我難以置信，完全超乎我的想像之外，但卻又無比真實——在我上飛機的那一刻，我聽到和看到的是所有人與高采烈的歡迎我，齊聲喊著「你辦到了！太棒了！」彷彿登上飛機的，不是一位耽誤所有人行程的小屁孩，而是一名拯救眾人的偉大英雄。

這次事件讓當時的自己更加確信，在一個充滿鼓勵、善意、正面的環境下，我們在每一件事情上都有可能成為一位英雄人物。所以我們該做的是，好好調整心情與心態，不要讓負面的小劇場讓自己裹足不前。

憂鬱症患者的一道指引光芒

有一次，我和一名學生提到：「現代的我們，似乎常因某些挫折就陷入憂鬱症的洞穴中。儘管我很努力試著幫助他們走出來，重拾一些努力的動機，但這真的不是一件容易的事，而我也一直還在努力的過程中。」

「老師您說錯了，憂鬱症不是深不見底的洞穴，而是一條沒有盡頭的隧道。這是我在一本書上看到的，我也很認同這句話。」小摩如此回應著。

學生認真的神情嚇了我一跳，但更讓我吃驚的事還在後頭。

「其實我對憂鬱症有一定的了解，我知道有什麼辦法能幫助他們暫時走出來。因為我自己就是憂鬱症患者，並和它相處六年了。」小摩露出微微的笑容說著。

我感到相當訝異，「如果妳沒有和我說，妳所表現出來的開朗與自信，很難讓我將飽受憂鬱症痛苦之人，與妳聯想在一起。」

因為自己多次嘗試想幫助憂鬱症患者，卻始終沒有好的成果，我很快的向小摩請教：「妳是否願意和我說說是怎麼走出來的？」其實這種問法是很不得體的，但當下我沒有想太多就脫口而出了。

事實上，要想了解一名飽受憂鬱症痛苦之人的過去，無疑像是在她過去的傷口上撒鹽。

慶幸的是，小摩已是走過這條黑暗隧道的人，而不是還徘徊在過去的隧道之中。她開始娓娓道來過去六年的故事。

「我最糟糕的一次段考，是考了全類組倒數第一名。那時候的我以為，當朋友、師長和家人知道成績後，就會討厭我，不會再和我往來了。」小摩邊說邊露出苦笑。在罹患憂鬱症的過程中，她不再是那個被老師稱讚、同儕羨慕的優等生了。

從她的訴說中，我才認識到眼前這名品學兼優的好學生，曾因為憂鬱症陷在負面的泥淖裡。在裡面，什麼也做不了，甚至得休學。

小摩接著很認真的告訴我，並建議我當面對憂鬱症學生時，應該要給予他們緩慢沉澱的時間。

「您可以告訴他們，『你們可以什麼事都不做，但我知道你仍然是個很棒的學生』，而不是說『你要快點好起來，不然會耽誤到課業，未來也會因此而感到後悔』。」

她緊接著說：「但出乎自己意料之外的是身旁的人們仍願意陪在我身邊，教我功課、不斷鼓勵我……」這件事讓小摩明白，喜歡你的人，就算你表現得很糟糕，還是會繼續喜歡你。

小摩的人生經驗讓我了解到鼓勵和同理，確實能成為憂鬱症患者心情隧道口的一道指引光芒。就算我們說不了好聽或鼓舞的話語，但我們所有人都能做到的是給予他們時間，讓他們知道這世上還是有很多喜歡自己的人。相信他們能依靠自己的力量，終能步出那沒有盡頭的黑暗隧道。

你需要持續的行動和一個長遠的夢

南北戰爭在美國歷史上一直是個非常重大的事件，也是美國高中歷史很重要的一個篇章。這場美國史上最大、歷時四年之久的內戰，最主要的訴求是：〈解放黑人奴隸宣言〉，一場為了廢除黑人奴隸制、解放奴隸，以及推動經濟現代化的一場戰爭。

儘管在歷經南北戰爭後，在美國的黑人依舊沒能獲得與成為平等公民的生活待遇，實質上，他們飽受一種名為「隔離但平等」的對待。這是一段不該被我們遺忘的歷史，也非常值得我們探究與借鏡：其實許多的反歧視、守護弱勢們的成果都是得來不易的。

一直到美國著名的黑人人權領袖馬丁·路德·金恩，在一九六三年八月二十八日，於林肯紀念堂前，發表了〈我有一個夢想〉的著名演說，美國國會才終能在隔年順利通過所謂的〈一九六四年民權法案〉，從此確立了「種族隔離政策」的非法性。

我們該認真思考的是，為何金恩在那樣失落、被隔離但卻又被扭曲成是平等的時代，都沒有放棄過希望，始終相信大家都有追求生存、自由和幸福的不可被剝奪權利。

在那樣憂鬱的時代下，他持續不斷的透過書寫、演講、組織非暴力的示威運動，只為了要讓更多人了解這種「隔離但平等」的不合理性。

二〇一九年奧斯卡最佳影片《幸福綠皮書》所描述的就是處於這種種族隔離的時代——依照法律，不同的種族在公共設施的使用上必須隔離使用。片中主要舉的例子就是美國在六〇年代出版了一本專為黑人設計，全名為《給黑人駕駛的綠皮書》（*The Negro Motorist Green Book*），裡頭記載著全美國願意給予美國黑人友善的飯店、餐廳、加油站等。換句話說，這本書的目的在於為旅行的黑人們，提供那些被隔離的祕境，避免闖入不歡迎自己且會造成尷尬的地點。

那麼，金恩究竟是怎麼做到的呢？其實他給予的從來不是什麼大策略或大計畫。他希望賦予的一直都是鼓勵及自己堅信的信仰，相信總有一天所有人不管是信仰或者膚色，都能真正達到自由平等。

他就像是一顆帶有正面能量的粒子，透過量子糾纏，以一種極快的速度，讓所有接觸過他的人們，被這樣正面友善的狀態糾纏著。

不論之後他們離這個原始的金恩粒子有多遠，他們都將如金恩粒子般，將鼓勵的力量再傳遞給其他願意與他們糾纏的人。

流傳在校園裡的傳說與信念

相信每個人只要想到自己的母校，腦海中不難浮現出那些流傳已久的校園傳說，它們通常會與校園內的雕像、地點、建築物，甚至是校犬做連結。

舉例來說，臺灣學生常會說：「校犬一定具有靈性，因為牠們經常穿梭於課堂之間，聽著老師們的諄諄教誨。若老師上的不好，校犬們才不擔會不會被記曠課，都是當場走人的。」

那些林林總總的傳說也能賦予校園裡的雕像靈魂，讓它們變成活生生的人，完美融入我們的生活。儘管這些傳說沒有太多的科學根據，來源也不可考，卻是求學生涯中不可或缺也難以取代的珍貴回憶。

位於紐約市的哥倫比亞大學與這座多元的城市一樣，包容著來自世界各角落的學子們。在這座小小的廣場式校園裡，最顯眼的就是有著一整排高聳希臘柱的「洛氏紀念圖書館」。駐守在館前階梯處不到二十公尺的距離，就是智慧女神（Alma Mater）雕像。戴冠的智慧女神，除手握權杖外，膝前還有本對半而開的書。她在開放式的階梯上，彷彿一直看顧著來來去去的學子們，而學生們也不吝於將她奉為女神，敬畏著那莊嚴又智慧凜然的氣息。

此外，校園裡還流傳著一道傳說：「一隻具有智慧的貓頭鷹，躲藏在女神的黑色學袍之中。找到貓頭鷹的第一位新生，將會以第一名之姿畢業。」這樣的傳言，實則勉勵學子們，要努力成為那個第一位「受女神眷顧的天之學子」。雖然我並不知道第一名畢業的同學是否為第一位發現貓頭鷹的人物，但這些傳說對大家而言，可說是相當有趣。

另一個相似的校園傳說，也有不少學子們聽過，有機會實際走訪一定不會錯過的就是：哈佛大學裡，有一座雕像的鞋，比黃金還要來得閃亮。它源自於約翰．哈佛雕像（John Harvard Statue），傳說只要觸摸他的鞋子，考試就會「歐趴」（all pass）。因此，雕像前的人潮總是絡繹不絕，想摸鞋，必須得乖乖排隊。從邏輯角度來看，應該是摸了雕像鞋子的同學有幸考取高分後，將好康透露給他的朋友；他的朋友爾後也高分通過了考試……這座校園裡的傳說，就這樣一傳十、十傳百，發展成今日的盛況，那雙鞋至今依舊是油油亮亮的。

這些千古流傳的校園傳說除了可以提升自己的信心，其實更可以這樣理解：「它們是善於給予我們目標與警惕的良師益友。」比如說，在成功大學的校園裡，傳說只要穿越位於光復校區內的「飛撲」雕像，就會被二一。雖然聽起來很可怕，但傳說的真實與否，還是在於你有沒有認真讀書。

這些傳說帶給我們信念，提醒自己該努力的方向。不論是正面的提醒或是鞭策，確實都能成為我們努力向前的動力與支助。當然，也許真的曾有那名不慎穿越「飛撲」的學子，深怕被二一而發憤念書，最後成了系上名列前茅的學霸。

更多的可能是，找到這隻「貓頭鷹」或者摸過這雙「金鞋」，倚仗傳說與信念的學子們，成就許許多多「不可能的任務」。古人的傳說得以流傳，來者的成績得以受惠。

走過曲折蜿蜒小徑，
你將看見美麗的人生風景。

關於鼓舞力

⊕ 你應該將自己生命中大部分的時間，置放於正面環境之中；當然，你也不用害怕與負面粒子的糾纏。

⊕ 在一個充滿鼓勵、善意、正面的環境下，我們在每一件事情上，都有可能成為一位英雄人物。人生不如意事十之八九，好好調整自己的心情與心態，別讓負面情緒局限自己、裹足不前。

⊕ 在面對憂鬱症的患者時，給予他們時間是最好的治療方法，憂鬱的黑暗隧道很長，需要花許多時間才能看見出口的亮光。最重要的是，必須讓他們知道這世上還是有很多喜歡他們的人。鼓勵和同理，能夠成為憂鬱症患者心情隧道口的一道指引光芒。

⊕ 馬丁．路德．金恩給予的，從來不是什麼大策略或者大計畫，而是鼓勵和信念。

⊕ 每個學校都會有獨一無二的校園傳說。哥大的智慧女神像裡，躲藏著一隻貓頭鷹，第一個找到貓頭鷹的新生，將會第一名畢業；傳說只要摸了約翰．哈佛雕像的鞋，考試就會「歐趴」。

⊕ 傳說，能為我們帶來信念，提醒該努力的方向。不論是正面的目標提醒或是鞭策，確實都能成為一般努力向前的動力與支柱。

「鼓舞自己勇敢」的大哉問

Q 你有與正面能量「量子糾纏」過的經驗嗎？請寫下這個美好的回憶，與朋友分享，將量子的力量傳播出去。

Q 你有沒有印象深刻的被處罰經驗？在這個經驗中，你有沒有特別的收穫呢？

Q 請試想如果你身為老師，將用什麼好的方法讓學生學習自我反省的能力？

Q 屬於你自己的傳說、信仰是什麼呢？它們又是如何幫助你獲得成功的呢？

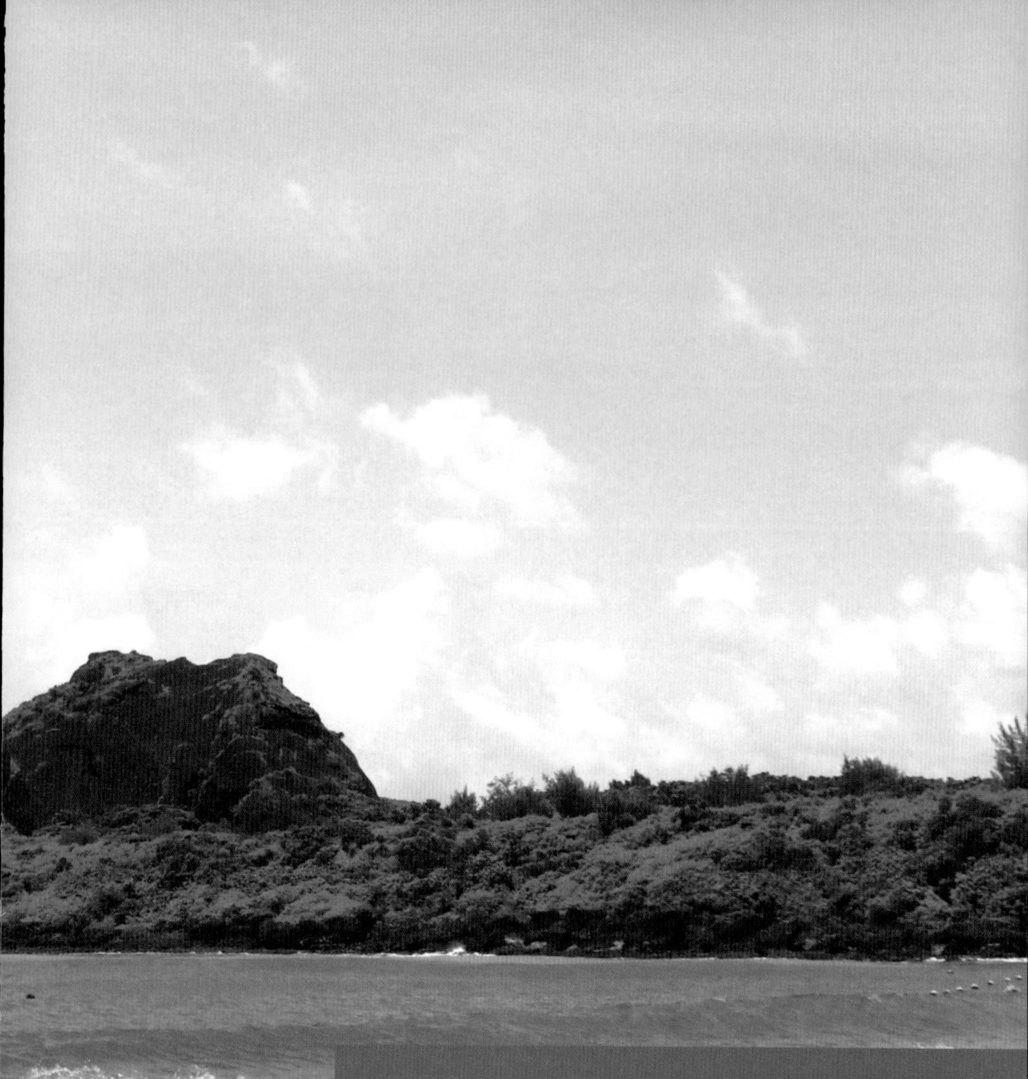

Chapter 6 轉換力

人際關係面臨衝突時，
理性處理便能化敵為友，
情緒化處理則化友為敵。

調校自己的發動機，成為像法拉利般的超跑

一般大家所熟悉的「能量」[1]來源大都是透過「熱能轉換」而來。只要透過適當的轉換就能產生能量；而能量就好比是一隻強而有力的推手，能直接造成許多可被我們觀察到的現象。

由於熱能轉換的過程總會有所流失，因此，如何提高轉換的效果，那所能產生的能量將會非常可觀。比如說液態水，只要透過蒸汽機的協助與轉換，就能變成水蒸氣。儘管水蒸氣看起來只是一團霧狀，但只要經過一連串蒸汽機內部的引導，它所能創造的推進力，便能輕易帶動一節又一節的火車車廂，以飛快的速度幫助我們從一個又一個城市之間，傳遞重要的人事物。比較可惜的是，蒸汽機的熱轉換效率並不高，如果你站在蒸汽機旁，將感受到大量的熱氣傳遞到身上，而這些都屬於廢棄的熱能。因此，轉換的效率是非常重要的。

以傳統汽車的內燃機為例，它能夠將「燃料」透過「熱效率」的轉換，進而產生動能（同輸出功率）。就算是當代發動機，效率仍然非常低，大約介於二〇％左右，其餘無法有效轉換成能量的部分，大都成了無用的熱

---

1 「能量」的存在是無法被觀測的，抽象的它無色無形無味，不能無故被摧毀也不能無故被生成，是一個必須透過間接觀察才能被定義的一種物理量。

能。至於現代的電動車呢？其實可以想像他們將「發動機」的角色，由電池所取代。

引擎的熱效率公式：輸出功率＝燃燒的熱能×引擎效率。

試想，如果我們所燃燒的熱情，沒有經過適時的轉換，將流於做白工，形成如廢棄的熱能或者混亂，甚至使我們停滯不前，並帶來低潮。當前最重要的燃料來源是汽油（原油），但如果無法經過良好的轉換，石油的價值就不會被看到，也不會有被稱為「黑金」的說法。屬於我們的「發動機」需要仰賴自己打造，就像精美的藝術品一樣，需要透過一系列的創作才能生成。沒有好的轉換，我們的價值也有可能像石油一樣，無法被看到。

只要能有效善用熱情，讓它加乘良好的轉換率，都能獲得不錯的成果，而不令能量流於無效的混亂。如同引擎熱效率的轉換，每個人的成果公式或許也可寫成以下：

你的能量＝你燃燒的熱情Ｘ你的發動機

因為我們每個人的能量都是有限的，要想好好創造能量，則必須要有適合的轉換力。只要轉換得宜，就算是很小的熱情也能很自然的創造出如超跑般的結果。何不替自己調校出一部如同法拉利一般，蘊含驚人爆發力的「發動機」呢？

原本要被放棄的學生，創造出絕地大反攻的結果

日常生活中難免會遇到解決不了的事情。這時若能透過轉換力來改變心態或環境，等到不再執著、鑽牛角尖時，再回過頭來處理，往往就能發現問題的癥結點，找到方法並將它處理好。

有一天，我和助教在討論如何才能更好的指引情緒低落的學生時，想

起這名學生小嫻。一開始，我並不是她的指導老師，但她卻鼓起勇氣發了一封信問我：「老師，我能不能和您聊一聊？」

在聊天的過程中，我得知她是一名不適應學習現狀的學生，常常因為無法達到標準而感到喪氣萬分。

她告訴我，在實驗室裡，研究數據常常像是在和她開玩笑一般，總得不出正確的結果，也使她無法完成實驗，因此被老師責備、被同學揶揄。她總覺得自己與大家格格不入，無法和同學們順利相處。

在充滿挫敗的環境下，讓小嫻不禁懷疑自身的能力。原先抱持滿腔熱血與理想的她，漸漸對自己失去信心。雪上加霜的是，因為進度緩慢，她的研究題目就像迷失在大霧裡的一艘小船，看不到正確的方向而停滯不前。

就在小嫻快被現實和負面情緒擊垮時，她做了一個決定，她發信問我：「我能不能換到老師的實驗室？」

其實一開始我也沒有十足把握能幫助她。但我完全可以體會她的無力感，以及她希望能獲得更多的幫助與鼓勵。我並沒有用特殊的方法將小嫻從絕望的泥淖中拉出來，只是選擇相信她的能力，盡我所能替她爭取表現的機會。我知道小嫻或許對於研究、數值模擬還不太熟悉，因此我選擇和她一起從研讀基礎論文開始。

或許因為如此，小嫻不再需要擔心面對壓力來源的舊環境，逐漸找回失去的自信。在適合自己的新環境裡，得以實現抱負，實驗室生活也開始發光發熱。短短一年內，她參與了國際研討會摘要投稿與口頭報告，甚至完成了一直不太擅長的英文論文。

畢業時，小嫻除了獲得論文獎的肯定，也順利發表兩篇相當有水準的學術期刊論文。一般而言，一名博士要畢業的話，通常會被要求發表一篇具有一定水準的學術期刊論文。小嫻能在短短一年的時間絕地大反攻，絕對不是一件容易的事情。

面對瓶頸如果無法轉換心境，可以試著換環境，突破當前的困境。有時候越著急，就越會讓自己看不清實際的狀況，內心會感到更糾結。沉澱反思，調整自己後再重新出發，或許會有意想不到的收穫。

我們應該用正面的眼光去看待迴避，並善用轉換的威力。決定離開原本的實驗室並無對錯，只有適不適合，事實上，小嫻從沒有選擇逃避，也沒有忘記當下所面臨的挑戰，她做的事情很簡單，就只是將所處的環境，從不適合自己的地方，轉換到適合的地方，進而突破限制，嶄露頭角。

運用轉換力幫助自己轉換心態，以達到自我認同

仔細想想小學時的自己也常因為一些小事，做出匪夷所思的事。現在回想起來，當時最欠缺的就是一個好的指引和同理。這要從升旗的故事說起。

音樂響起，學生隨著輕快的音樂聲，一同快步走向操場，慢慢排好一個整齊的隊形，大家雙手叉腰，間隔出恰當的距離，升旗典禮即將開始。

我記得當時特別討厭參加升旗典禮，常常會藉故晚一點到學校，或乾脆躲過早自習，趕在第一堂課上課之前出現在教室裡。

每個看似終點的結局，
其實都將是我們另一個起點的機遇。

不喜歡參加升旗典禮的原因，現在想起來還是覺得有點孩子氣。主要是參加典禮的過程中，我常會因為炎熱的氣候，搞得滿頭大汗，好像剛從三溫暖出來那樣，但看看身邊的同學，不管前後左右都沒有人像我這樣流這麼多汗。這種感覺有時候會讓我感到有點無地自容，覺得自己和其他人不一樣，很怕被別人看到。如果可以回到過去，我真想對自己說：「流汗表示你新陳代謝比較快，並不奇怪，也沒有不好。」

有很多次，我為了想讓自己在升旗典禮時不要滿頭大汗，早上就都不喝水，一直到升旗典禮結束後才攝取水分。不過很快便發現，這樣做的效果並不大，而且還會把自己搞到有點中暑。我在升旗過程中曾聽到某位同學因為昏厥，讓後腦著地受傷的意外，幸好自己沒有因為這樣而真的在升旗典禮過程中暈倒。

很多時候會莫名出現一些自己特別在意和想不開的結，就像升旗典禮常滿頭大汗的例子，事後回想起來覺得好像沒什麼大不了，但當時自己過度在意，就放大成為一件不得了的大事。

即使我回到過去，跟小時候的自己說「不要這麼在意」，但當時的我或許也不能理解吧！在多年後的今天，我已經能夠轉換自己的心態和想法，即便面對其他人給予不好的評價，也可以了解：「那僅是他人的看法，而我是最知道自己的人。」

別人賦予我們的評價，會隨著對我們認識的深淺、熟悉而改變。我們不該忘記的是，自我價值應該由自己來定義，而轉換力也能幫助轉換心態去認同自己。

冷靜與同理的藝術有助於維持良好的友誼

生命中的每個時期都會結交到許多新朋友，而生命中的每個時期，也可能會失去一些舊朋友。結交新朋友通常是開心喜悅的，而失去朋友卻難免伴隨著難過。我想，失去朋友或許是成長時必經的一段過程，因為它將讓我們更懂得維繫和珍惜一段情誼。

為什麼會失去友誼呢？又為什麼友誼會變質呢？可能的原因如環境改變、彼此間的喜好與興趣改變、無法抽出時間等各種因素。其中，我們最該避免的應當是人事物之間的任何衝突所延伸出來的不滿、裂痕、疙瘩。其實，在面臨任何與朋友衝突之時，只要懂得適時冷靜與同理的藝術，有許多友誼是不會失去的，任何的衝突其實都能成為加深彼此情誼的羈絆，當然，處理不當的話就很有可能讓這份情誼發生不好的質變。

回想小學時期，可能會為了某件非常小的事情，相互批判、產生不愉快而不願意再與對方來往。吵架的最後可能還會伸出雙手的指尖相碰，嘴裡說著像是「我們從今天起，一刀兩段」，彼此間再也不是朋友的童言怒語。極端一點的話，甚至還會聯合更多的朋友一起去抵制那位不想要再往來的人。不過好在，這個時期的我們由於每天還是會遇到彼此，很快的就又會玩在一起。原本號召來抵制的朋友們也都會樂於充當和事「童」，然後就再也想不起不愉快的事情，大家很自然的都還是好朋友。

隨著年齡增長及升學，友誼的維繫似乎也變得越來越難。有家庭後，對於朋友的定義甚至可能變得不再單純，會被社會稱之為「人脈」。好像過往單純的友情隨著年紀及身分的轉換，而變得不再單純。因此，要妥善維持友誼，避免衝突與不愉快勢必變得越來越重要。

知名主持人蔡康永曾說：「如果你誠實面對自己，也發現有值得被罵的地方，接下來面對別人的罵聲，就比較能夠覺得合理。」要是我們都能早點意識到冷靜與同理的藝術，應該就能妥善應對和避免與許多人交惡的機會。蔡康永會那麼成功不是沒有道理，他大度的胸懷，讓他在面對批評時，能夠冷靜處理，並將其化為精進自身的動力，他的許多行為與思考藝術都是值得去思索與學習的。

現在的我會建議，若不幸身處於朋友間的批判衝突、負面情緒時，首先需要讓自己冷靜下來，放下一時的衝動與想辯解、爭吵的行為模式，嘗試傾聽對方與自己的聲音，思考那些能夠改進的事情。

只要能在當下做到上述這幾點，必將因此而受惠，變成更好的自己，在未來人際之間的情誼也會變得更為融洽。

適時的轉換思考能讓你擁有好人緣，度過不可預期的人生低潮。

郵件門事件

小學時，我曾因為朋友的不講義氣而遷怒於他，確切的事件經過我早已記不清，僅能回憶起一些片段。當時，這名朋友因為不守規矩而被老師點名到講臺上接受處罰。老師詢問他：「還有沒有其他不守規矩的同學？」結果他很快的將我也點名出來。當時被點名的我只覺得揪心，不懂這名要好的朋友為何要將我也抖出來？

事後想想，自己確實也沒有遵守規矩，被點名出來其實也沒什麼問題，不應該遷怒於朋友。或許，他只是單純誠實回答老師的問題，情急之下才不小心將我也抖出來。

此外，回想在紐約求學時我亦曾有一位非常要好的朋友，年紀約長我十來多歲，已婚。由於我們有共同的運動嗜好，經常相約去慢跑和騎自行車環曼哈頓島，以及執行一週五日的高強度肌肉訓練菜單等。

為了確實鍛鍊肌肉，我們也會一起討論高蛋白補品的補充、設計研究訓練的細項等，也因此，有時候會一起在週末到距離曼哈頓較遠的法拉盛買食物，並在途中閒聊。漸漸的，我們也會開始交流起閱讀過的書籍，只要兩個男人聚在一起，常會有聊不完的話題。比如說，若講到金庸小說裡的人物，通常就可以很輕易的聊一整個晚上。

或許就是因為這些聊不完的話題及運動嗜好，不知不覺就花了許多時間，因而忽略了他早已是人夫這個事實。對他太太來說，武俠小說裡的熱血劇情、江湖義氣、男子漢的約定通常都無法引起她的興趣，能插上話的機會自然不多。時間久了，很多事情都會產生變化。我開始可以感受到他太太對我投射出一些不悅眼神，並開始感受到她對於我與她先生這段「男子漢的友誼」的反感。

起初，我並沒有太在意她對我的不悅，只是單純覺得有些怪怪的。直到某一天，我在晚上收到一封她發過來的電子郵件，內容相當嚴肅，並帶有許多情緒性的字眼。大意是指責許多我的不是，並且說明了我不該霸占她先生的諸多理由。

我收到信的第一反應是不理解，感覺她這股氣完全找錯對象，也不太開心為何要將怒氣出在我身上。當時覺得莫名其妙的自己居然順手秒回了一句：「妳會不會太以自我為中心了？世界並不是都要繞著妳轉。」

事後想想，任何事情一個銅板是打不響的。能說出對方過度以自我為中心的自己，何嘗不也是如此？這封意料之外的「郵件門事件」，其實能有更圓融和完美的結局。

我不經大腦的順手秒回就像提油救火般，一不小心就激發出更大的火花與彼此間的怒氣值。要是我的反饋速度能再慢個幾秒，就像冷氣壓縮機停止運轉也需要一段時間一樣，它並不會在我們按下手中關閉按鈕時就瞬間停止。

想當然爾，隔日我朋友馬上就和我說明，他太太對於我的文字回應有多不滿。因為她的關係，從那天起，我與這名曾經的朋友似乎再也回不到過去的情誼，事後也就沒任何交集了。彷彿就是因為這一時順手的回擊，或許當下覺得自己沒有任何錯誤，事後我卻失去了一個深交許久的朋友，就算當時沒有任何錯，現在也已是一個錯。

時至今日，我偶爾會想起，若當初我能用更開闊的態度與心態去面對那封信，先好好思考後再回覆，是不是到今天我們還會是相當不錯的朋友，他太太也不會因而討厭我？

「確實，世界並不會繞著我們轉，看似不動的太陽其實也正繞著銀河系打轉。」

悲劇英雄的歷史可否有機會改寫？

在衝突與負面情緒下，若不冷靜思考，急忙做出的決定有可能導致什麼樣的後果呢？輕則是遭逢失敗、挫折、失落、苦楚或者失去一段友誼。嚴重的話，除了失去一整座江山以外，也可能會讓自己喪命。西楚霸王的結局，就是一個值得我們細心體會與警惕的例子。

根據史書對於項羽的人物設定，我們認識的他有衝動、易怒的個性，在面對關鍵抉擇的時候無法冷靜分析。同時，或許也由於他先天的扛鼎實力與過度自信，導致他經常輕忽朋友和下屬們的寶貴意見，一意孤行因而埋下許多無法挽回的錯誤種子。

項羽的個性若放在現今的籃球運動中，或許就像是漫畫《灌籃高手》裡，田岡教練愛說的「不安因素」。這些不安因素將屢屢為對手創造出許多反攻機會，除了讓自己的隊伍不能順利得分外，反倒還失守，被對方進攻得分。這樣的一來一往就是可觀的四分差距。

又或是後來成為不敗軍師的韓信，在侍奉項羽時亦曾多次給予良策。然而，過度自信的項羽卻從未聽信和採用。未獲得尊重的韓信非但無法給予項羽任何幫助，或許也還因此認清了項羽的過度自信和種種缺點，這些都是使他難成大事的不安因素。後面的故事我們都很清楚，選擇離開的韓信，後來成為項羽的大患，並在最終擊敗他，促使項羽選擇自刎於烏江，留下「無顏見江東父老」如此悲壯又哀愁的千古名言。

造成莫大損失的原因無他，或許就是過度以自我為中心、缺乏冷靜處理事情的思維模式。其實，只要能早點意識到冷靜的藝術，項羽多的是捲土重來的機會。若他在烏江時能選擇離開，傾聽自己與周圍人們的聲音，反省需要改進的缺點，江東弟子將才無數仍大有可為，歷史其實很容易能被改寫。

事實上，在四面楚歌及多重失敗的打擊下，包含他最寵愛的妃子亦自刎於他的面前，我想，項羽想要平復情緒必是非常困難的。這時，若無法在短時間內冷靜下來，離開現場就是最好的選擇。

場景回到現代，我想，如果項羽有機會認識補教歷史名師呂捷，他或許就會聽到「痛苦比較說」的故事。我也很好奇，呂捷老師會有什麼辦法幫助項羽這樣的男子漢重新站起來呢？又如果，我們想像自己是當時跌落谷底的項羽，會選擇離開或者自刎呢？

美國總統尼克森曾說：「命運給予我們的不是失望之酒，而是機遇之杯。」我想，或許該謹記與提醒自己的是：「每個看似終點的結局，其實都將是另一個起點的機遇。」

「改寫」那些壓力底下的失敗

回顧我們的生命階段及過往的奮鬥史，不難發現許多屬於自己的重大篇章、光榮時刻、重要突破等等，大多發生在我們壓力快爆炸前的臨界點。事後，那些失敗往往都能反轉為所謂的成功經歷。

在業界擔任研發工程師時，曾有同事問我：「你覺得在學校的時候難，還是在公司裡難？」我不假思索的回應著：「當然是在學校的時候難。」

我的答覆讓當時的同事啞口無言，他告訴我，他本來是猜想我會說工作難的，結果卻出乎他的意料之外，沒想到我會告訴他在學校的時候難。當

面對挫敗時，該做的不是自怨自艾，
而是冷靜分析。

時的一句話，確實無法將自己的心路歷程說明清楚。

更明確一點來說，當時說的學校難只是指從事博士研究的階段。那時候的壓力與挫折主要源自於「只許成功不許失敗」，遇到任何無法突破的研究瓶頸與挑戰時，並沒有任何選擇，只能更拚命苦思創新、尋找解決辦法。

剛開始鑽研學術時，自己也曾充滿能量，深信自己有能力開創出一番新的研究領域，在衝刺研究的時期，更經常以學校為家，早出早歸，回宿舍最主要的目的僅是梳洗一身的蓬頭垢面、更換新的衣物，以及抓緊時間昏睡一場。那時候的我，經常處於密閉的研究室裡，感受不到戶外日夜的流逝，每日埋首於研究之中，套句現在流行的用詞應該就是「心流」吧？唯一不同的是，這個「心流」常斷斷續續的，只因這段過程面臨的失敗、跌倒次數實在是數也數不清。我甚至開始懷疑自己：「我是否能順利畢業，帶著所學回鄉？還是將會一直重複著沒有成果的研究，繼續耽誤自己的未來？」

隨著時間一年一年的過去，在這段時間裡不變的卻是我所嘗試的每個努力仍舊是以失敗告終。終於，我萌生了放棄的想法，覺得自己或許不是一塊做研究的料。

「我是不是該放棄這個學位，放棄未來當教授的這個理想？」這也是當時最常問自己的一句話。

值得慶幸的是，我當下並沒有選擇放棄。事後才發現，在最後那段最迷惘及最沒自信的時候，反倒是成果最豐碩的一年，只是自己沒有發現，仍過於執著那些失敗，因為累積起來的失敗遠比累積起來的勝利多太多了。但這不是很正常嗎？古有明訓，失敗為成功之母、失敗是成功的前導，我們唯有從失敗中吸取經驗教訓才能獲得成功。

終於直到那一天的到來，指導教授們告訴我：「你是不是應該開始整理學位論文，準備畢業了？」

聽到指導教授們的詢問，我迷茫的心才像是撥雲見日般，意識到原來他們對我是表示肯定與認可的。也是到了這一刻，才懂得如何正視自己的失敗經歷，它們都只是一個必經過程，幫助我通往成功的歷練。

就好比在登山的時候，當你自覺體力快要耗盡，整個人痛苦異常，腳很痛、背很痠、手無力，眼睛也被汗水浸濕發疼……當你越專注在這些不舒服的身體狀況時，腦子裡想的就會是打道回府，浮現出的聲音也會是「放棄吧！不行了。」這樣是絕對無法順利攻頂的。反之，如果你越能專注在目標上，心無旁騖的全力衝刺，就在你回神時，會發現眼前的風景已經不一樣了，山頂就在不遠處。

走過這段路之後才發現博士學位所象徵的從來都不是什麼高深的學問，它所象徵的其實只是一丁點的人類知識突破。宏觀來說，那一丁點的不同其實也非常微妙，或許更多的是提醒大家何謂「學無止境」。如果我們本已具備良好的自學能力，懂得如何給自己出難題、尋找挑戰，那麼博士級的學術養成或許對你的幫助並不大，因為這個過程一定難不倒你，壓力可能不算什麼。現在的我，也會勉勵大家不要和過去的我一樣，在處理壓力時，不要注意當下的痛苦，而是要記錄自己在壓力下的進步。尤其是我們在真正面對壓力的時候更要記得往前看。

子彈筆記

關於轉換力

- 你有專屬於自己的成果公式：你的能量＝你燃燒的熱情×你的發動機。要想好好運用能量、創造奇蹟，必須要搭配好的發動機進行轉換。就算熱情很小，轉換得宜也能締造出黑馬般的成績。
- 深陷困境時，如果轉換不了心境，可以試著換環境。記得，這並不等於「逃避」，而是一種懂得迴避、給予自己翻身的機會。我們應該用正向的眼光去看待迴避，並善用轉換力，絕地反攻。
- 別人對你的負面評價是可以被修改的；請先轉換你的心態，定義正確的價值！
- 只要我們懂得人際關係的冷卻藝術，任何衝突其實都能讓彼此的情誼更加深厚、穩固。
- 當身處衝突之中，謹記，你需要先放下一時的衝動並冷靜自我，不要被負面情緒控制，嘗試傾聽對方與自己的聲音，才能有效幫助雙方成為更好的模樣。

⊕ 拋下「衝動」「易怒」「過度自信」這些詞，在面對關鍵抉擇的時刻冷靜分析，讓所有困境成為自己成功的順境。

⊕ 不要注意壓力當前帶來的痛苦，而是記錄你在當下的進步。

「轉換自己心境」的大哉問

Q 你的成果公式所得出來的結果效率好嗎？不妨試著與好友、師長或父母一起集思廣益，升級你的發動機。

Q 在一段關係衝突中，你覺得自己是個懂得冷卻藝術的人嗎？你曾搞砸過友誼嗎？現在覺得當時怎麼做會更好呢？

Q 你會透過運動來抒解壓力嗎？或者你有其他的抒壓方法？

Q 在經歷挫折時，你是否能看見自己的成長呢？試著拿出一本小冊子，記錄每次面對挫折時所帶來的成長。

Chapter 7 影響力

抱著一顆友善、願意與人交流的心，
將在生活中獲得意想不到的收穫。

輻射角度，決定地球的四季

我們都知道，地球的主要熱源來自於太陽。太陽的熱能，如果傳遞和影響適當的話，氣候將如沐春秋般的和煦；多了的話就是炎熱的夏日，少了就是嚴寒的冬日。但四季到底是如何產生的呢？

目前已知的「熱傳播」方式有三種：傳導、對流、輻射。由於地球與太陽之間沒有任何的固體或流體，因此，太陽唯一傳播熱到地球的方式只能透過「太陽輻射」。

如果能在橢圓形的地球表面上，測繪出最長一圈的周長線，令這條線上的任一點，到達南北極的距離相等的話，可以將這條周長線稱為「赤道」。根據我們定義出的這條「赤道」，地球可區分為「南半球」及「北半球」。由於地球「自轉」的平面與繞行太陽「公轉」時的平面相夾角為二十三．五度，因此，這種幾何的天體運行創造了眾所皆知的春、夏、秋、冬四季氣候分明的變化。

在這為期一年的「公轉」繞行時，地球與太陽會有遠近之分——距離太陽最遠時叫做「遠日點」，與太陽的距離約為一．五二億公里；距離太陽最近時叫做「近日點」，與太陽的距離約為一．四七億公里——不過，地球上的四季變化，卻不是根據「我們與太陽的距離」所決定。

其實，影響四季變化的主因是由太陽輻射的「入射角度」決定之。換句話說，當地球公轉的位置導致北半球傾向於太陽，太陽輻射將能發揮「直射」的效果，這時，北半球就會處於夏天；與此同時的南半球，因為只能得到太陽輻射的「斜射」，因此將處於冬天。

因為太陽輻射引致的氣候變化，創造出難能可貴的四季。正如在夏天時，太陽輻射所能傳遞的最大能量，必然是那些被直射的區域，才會是最大效益所發揮的區域。

我想隱喻的是，我們每個人的才能其實都和太陽的熱能一樣，發揮它的方式也和影響力一樣，需要透過正確的傳導方式，我們可以學習太陽輻射的機制，選擇用最正面與最直接的方式，點亮那些需要幫助的人。

影響力的背後，是更多的承擔

我們對具有影響力的人通常會有這樣的誤解：他們其實是領導和影響著

所有團隊和人們的「人生勝利組」。其實，相比於在背後的我們，這些具有影響力的人物永遠備受大眾的鞭策與監督，所以他們只能更努力親力親為、以身作則、持續承擔著這些影響力背後所需付出的努力、積極的服務大家。

有著「矽谷鋼鐵人」稱號的伊隆．馬斯克，就是一名很好的例子。

只要有在關注汽車市場的人，一定都聽過特斯拉電動車是如何創造歷史的。這家公司能在當前「兵家必爭」的汽車市場裡獨領風騷、占盡鋒頭，有許多值得學習與借鏡之道。出生於南非的馬斯克，正是這家電動車公司成功的關鍵推手。他分別於一九九八年、二〇〇二年、二〇〇三年、二〇〇八年創辦第三方支付（PayPal）、太空火箭公司（SpaceX）、特斯拉（Tesla）、太陽能公司（SolarCity）。

馬斯克能正面影響數千萬名員工和廣大消費市場的原因在於，他其實比任何人都致力於知識的學習，甚至是大膽的開創。

他最著名的豪語無非是：「我要讓人類移民火星。」從馬斯克讓我們聽到的這些話語間，不難想像，其實他所努力追求的從來都不是什麼影響力，因為他的目光與輻射力，總是聚焦於自己是否能為全人類完成一些重大突破。因此，他能輕易點燃那些他直射的目標，也讓許多願意跟隨和相信他的員工、消費者們，實際體會到他追求目標的炙熱，進而受到影響和吸引，讓自己努力成為樂於嘗試與學習新知的人。

馬斯克希望可以一起努力的夥伴，從來不需要一定是高學歷的知識分子。「我不需要博士，也不在乎你是否有高中畢業」這句話正是出自於馬斯克的徵才「推特」發言。

我們應該要相信的是：「只要持續學習，持續累積成果，未來必有無限的可能。」

原本被厭惡的事情，反倒成為受人珍視的才能

周處除三害是大家耳熟能詳的故事，在任何時代都相當值得學習，也

被一再拿出來提醒我們改進與學習的重要。

根據史書的記載，周處自小缺乏管束、經常遊手好閒，他的力氣與脾氣又堪比哆拉A夢裡的胖虎，或者漫威電影裡的綠巨人浩克，因此，地方善良的鄉親父老們都非常懼怕他，生怕哪一天無端被他的「颱風尾」掃到。

每日為所欲為的周處真的是令人啼笑皆非。一天，他無端問起一名走在大街上的老者：「為什麼大家平常在街上總是愁眉苦臉，高興不起來呢？」「三害未除，怎麼高興得起來？」這名沒好氣的老者，淡淡的回應著。仔細推敲後，周處這才知道他其實一直被大家公認為是地方的三害之一。

在知道自己原來一直被周圍的人們厭惡著，甚至有著「三害之一」的稱號後，周處並沒有因而心灰意冷、惱羞成怒或者自暴自棄。相反的，在這種「逆風」的條件下，他居然選擇坦然面對自己過去的不討喜與錯誤，勇敢的聚焦在如何幫助大家除去這三害。

在這個故事中比較特別的是，周處能夠讓本來備受他人厭惡的蠻力，蛻變為一項受到民眾感激的技能。儘管為民除害後，他的英勇事蹟並沒有在第一時間內成為他人珍視的才能。但是，早已下定決心改善缺點的他並不擔心、後悔、心急。除去三害後不到一年，品德和修養兼具的周處很快就受到所有鄉親父老們的愛戴，他也不再是人見人厭的危害，更在之後成為人人景仰的英雄人物。

從這個故事中我們知道，周處從來都不是一位惡人。由於他小時候缺乏父母的管教，因此他的成長需要透過更多自我摸索與社會的互動，才能讓自己的蠻力成為他人珍視的才能。直到現代，我們都還在歌頌著周處呢！

在日常生活中，我們是否也成為了某些人眼中的「危害」呢？有的話一定要改進，同時也想想昨日的我們，是否為周圍的人們帶來快樂、喜悅？今日的我們，有沒有更重視身旁人們的需求呢？

其實在生活中有許多我們能發揮影響力的地方，並可以帶給周圍的人快樂與喜悅。而且，有時還會因此得到意想不到的回報呢！

一名熱愛學習的司機朋友

猶記我在大學任教之初，有次搭乘計程車回到校區時，在路上和計程車司機討論了非常多的議題。很快的，我可以感受到司機對於一些物理和機制現象的興趣，是一位非常樂於學習的中年人。

在仔細傾聽他所關注的一些議題後，我們很快的就開始針對一些「極端氣候」「比熱容」的概念，以及一些司機對於自己小孩的教育理念等，進行一系列的討論。快到學校時，司機突然問我是不是大學老師。

「是呀！和您討論這麼多實在很有意思，非常謝謝您。」我回答。對我而言，真是段非常有意思的搭車經驗。

「這趟就不算你錢，也謝謝你和我分享這麼多科學知識。」司機開心的回答。他很感謝我的分享，覺得自己收穫很多。

我當然還是堅持付錢給他，通常我在支付計程車資的時候會樂於多付一點。比如說，如果車資是兩百八十元的話，我都會和司機說：「三百元給您，免找了喔！非常謝謝您。」也或許這是在美國被養成的小費習慣吧！我總是很感謝辛苦駕駛的司機們，除了謝謝他們友善的態度，還特別感謝他們願意與我一同討論這麼多議題。同時，我也透過與司機的交談，認識許多在地的人事物與歷史。

最重要的是，直到今天回想起來，我都還是很開心能在當時為這名司機帶來快樂和喜悅。

我們每個人都具有影響力，能令身旁的人開心或者難過，你何不學著練習？從今日起，何不就從讓身邊的人開心、快樂做起，說不定你也會因而獲得一些意想不到的小驚喜。

跨界合作創造出不可思議的影響力

國際知名大提琴家馬友友曾這麼說過：「我們都知道相互猜忌的破壞

放得下的是理想，放不下的是夢想；
從這一秒起，跟隨著這本書，
寫下屬於你的人生力學筆記。

力，彼此的交流將會帶領我們的創意與學習達到所有完美的可能性。」

為了實踐「音樂創作不分文化、種族」的精神，馬友友藉著自己扎實的音樂專長，透過創作與詮釋，協助在各領域努力的人們推展其理念與想法，深信音樂是無國界的。他藉由這樣的特性，創造出無數個多贏局面，也讓大家獲得許多交流與相互學習的機會，更讓我們認識該模式能創造出何等巨大的國際影響力。

馬友友不光致力於與來自世界各國的音樂家攜手創作，為了持續鼓勵跨界合作及音樂的發展，他在一九九八年成立「絲路計畫」，致力於打破地方音樂的地域性、鼓勵學習與激盪，不讓音樂的發展停滯，並從差異性中找到相通點，創造出新的可能。

我們都應該學習他這種藉由合作來擴張音樂邊界的本領，也讓更多人體會跨域合作所帶來的無邊界性。

細究「絲路計畫」的成員，可以發現他們皆來自於與絲路相關的區域。由於這些內陸區域的作曲家們較不受限於固定的演奏樂器，因此，從他們的合奏團裡會看到不同的中西樂器，比如提琴、西塔琴、鋼琴、琵琶、嗩吶、二胡、笙簫等。而它們所激盪出來的新樂章當然也不受限於我們一般的認知。在這樣的創作過程中，想必是非常新奇有趣又創新的。

相信跨界合作精神的馬友友積極推廣、號召這些同樣喜愛音樂的創作者們，一同站上世界的舞臺表演。漸漸的，世界也開始鼓勵與學習傾聽彼此的音符。透過無國界的天籟，我們很自然的能拉近所有背景不相同的人們。

你不見得要懂音樂，但近幾年來，你一定早已看到每個地方都在鼓勵「跨域合作」的學習與培養。若想適度發揮良性影響力，我們就必須樂於善用自身的才能與合作的天性，嘗試連結不同的彼此，形塑出一條適合大家攜手前行的方向與目標。

我們不用是最厲害的那名人物，但我想說的是，基於冷漠、拒絕、否定和批判態度所譜出的樂章，絕不比熱情、接受、肯定、鼓勵所譜出的樂章來得迷人。透過相互交流、大方認識、跨界合作，你將編織出，新穎又備受眾人喜愛的作品。當然，除了音樂領域外，你不難看到眾多成功人士是何等重視團隊合作。

一個人的能力是有限的，因此，能有影響力並推動世界進展的人，往往不會是單打獨鬥的。即使單打獨鬥的人一時成功了，不難想像伴隨而來的孤寂感將會比重視團隊合作的人們，要來得深與寂寞。

「學習」，然後「教會別人」

跨域學習聽起來很難，但執行起來卻一點都不難。

你可以把它想像成是一個遊戲，每當新的卡牌遊戲、電腦遊戲、手遊推出時，大家肯定都還不會玩。這時最有效的學習方式是什麼呢？就是這兩招：學習它的玩法，並教會其他人。

這兩招事實上是有專有名詞的，就是所謂的「費曼學習法」（The Feynman Technique）。用較流行的用語來說，或許就是所謂的「翻轉學習」，本意都是透過分享與教學，讓原本被動學習的方式轉變為主動，將自身學習效果提升至更高的等級。

費曼是名傑出的科學家，更是一名傑出的教師。他曾是美國著名大學裡最受歡迎的授課老師之一。當然，從費曼的許多傳記與小故事之中，也可以感受到他本人對於科學研究與教學服務的熱愛。

費曼曾說過：「要是不能把一個科學概念講到讓一個大學新生也能聽懂，那就說明我自己對這個概念也是一知半解。」這段話或許正是「費曼學習法」的核心。不難理解，能將知識講得簡單明瞭的人物，確實必須是比他人更能通透了解其知識的角色。

學習新知的方法有很多，最普遍方法就是去上很多課，坐在臺下或者電腦前專心聽老師們講課。

在臺下「被動吸收」的你，似乎能跟著授課老師的步調，慢慢聽出老師想傳遞的知識是什麼，比較可惜的是，你可能不容易掌握知識的整體面貌。

另一種就是透過「主動應用」。

常見的應用例子即為「考試」，然後檢討自己的成績。但其實仔細想想，「考試」何嘗不也是一種消極的主動學習方式？因為考卷通常是老師為你準備好的。

相較之下，「教學」可以是一種非常主動的應用方式，將「教學」取代「應用」，正是費曼高明的地方。

在教學面上，你可能會開始思索知識的不同面向。比如說「教學時，該強調的重點是什麼？」「解說時，最有效的方式與技巧可以是什麼？」「臺下、電腦前聽課的學生們，會如何理解自己所說明的內容？」「自己說的是否夠清楚？」「如何制定好的考試題目？」

透過教學，你將不知不覺調校自己的話，清楚說明知識的重點。或許一開始並不容易，但只要能在這個過程中堅持，你將會自然而然的提升自己的專業知識。

換句話說，透過「教中學」或「學中教」，會更全面的理解你希望學習的知識為何。以宏觀的角度來觀察，會發現費曼學習法的核心為三個「反覆循環」的要點：

一、用簡單的方式教會他人。

二、找到他人一知半解的地方。

三、再次學習自己沒有弄懂的地方。

最重要的就是那兩招，「教會別人」，然後「再次學習」。這其實和諾貝爾經濟學獎得主康曼所提倡的也是一樣的，那就是「教會別人」與「再次學習」所使用的是慢步調的主動思維（刻意練習）。

試想，若今日你將扮演臺上的老師，而教會臺下的同學是你的責任，為了不在臺上丟臉，你會更認真的做好事前準備，甚至會擠出時間，反覆練習你所準備的教學內容。授課當日，若臺下的同學滿臉問號，當下所能做的就是用更簡單、更白話的方式再說明一次。這段內容或許就是你該去反覆琢磨與複習的章節。

熟悉「費曼學習法」後的你將發現它就是這麼的明確有效。你也將發現，這個學習方法一直伴隨在你我身旁。費曼學習法就是如此具有魅力，令師生們難以忘懷。

人生的勝利公式，深藏於閱讀之中。

子彈筆記

關於影響力

⊕ 如同太陽的熱輻射一樣，只要用最正面與最直射的角度，就能點亮、溫暖任何人。

⊕「矽谷鋼鐵人」成功的基石在於：致力於知識的學習、大膽的開創。

⊕ 莫忘周處除三害的故事，從惡棍轉為英雄的契機是不要害怕面對自己的缺點，更要耐心等待它將帶來的轉變。

⊕ 抱著一顆友善、願意與人交流的心，說不定你也會因而獲得一些意想不到的小驚喜。

⊕ 理解彼此的相異與相似處，並從中找到相通點、創造出新的可能性。

⊕ 團隊合作是成功人士的小祕訣。善於合作的你，視野將更廣闊——高處得以不寒、曲高得以和眾。

⊕ 費曼學習法即為翻轉學習：「用簡單的方式教會其他人」↓「找到他人一

知半解的地方」↓「再次學習自己沒有弄懂地方」，藉此自然而然的提升自己的知識量，還能同時幫助他人學習。

「影響自己命運」的大哉問

Q 你認為自己的缺點是什麼？這個缺點有沒有可能變成幫助他人的優點呢？可以試著寫下來，並和自己親近的人一起討論。

Q 你在他人眼中是否是一位善於學習新知識、勇於開創新局的人物呢？為何是？又為何不是呢？

Q 你有參與翻轉學習的經驗嗎？如果要你扮演給予知識的指導者，你認為自己最適合教授什麼？

重視他人的需求，
你將創造出不可思議的影響力。

特別收錄

愛情彩蛋——那命中注定的新生說明會

女孩即將進行人生首次的出國深造，看到海外學生會所舉辦的新生說明會訊息，雖然心有猶豫，但仍決定參加並認識更多即將一同出國的朋友，而男孩在美已是多年的老手，雖是新生，但早已是當地學生會幹部，並在幾次討論之下，答應上屆幹部接下學生會會長之職，而這次在臺灣舉辦的新生說明會，男孩本來無法參加，卻臨時有空檔而決定出席。就在這場新生說明會中，男孩與女孩相遇了。

當天，擔任下屆幹部的男孩早早就到會場準備，而女孩因交通耽誤了一點時間，到場時大部分人已就坐，女孩匆匆找到位置後坐下來，男孩也在這時注意到女孩。新生說明會開始，學生會的幹部開始致詞，並介紹下屆學生會的成員們。男孩被介紹時，站起來揮了揮手，略顯不好意思和含蓄的說：「大家好，很高興看到這麼多同學參與本次的說明會。」女孩這時注意到男孩。

在這場說明會後，男孩主動向女孩攀談。

女孩說：「學長好。」

男孩說：「其實，我也是研究所新生，只是因為我在美國已經一段時間，所以接下會長職務，希望能為同學們服務及分享一些海外生活的經驗。」

這是男孩與女孩的第一次接觸，在交談的過程中，他們也交換了彼此的電子信箱。男孩笑說他的名字常讓電腦認不出來，老是因為一個字而讓整封信的內文變成亂碼。所以女孩也因此記住男孩有個特別的名字。

某天，女孩的電子信箱中出現一封充滿亂碼的信，內容與標題都是亂碼，完全無法閱讀。不知為何，女孩直覺這封信應該不是垃圾信件，她突然想起了那個名字很特別的男孩、那個電腦常顯示不出來的名字，她想：「這封信會不會是男孩寄來的？」於是，女孩在通訊錄中找到男孩的信箱，雖然有點唐突，但扔捎了信詢問是否寄了參考資料來。

女孩心想，若是男孩寄來的，那他真有記得當天說會提供一些資料給女孩的約定。而男孩收到信後，立刻回信：「沒錯，是我寄的，電腦又分辨不出來我的名字了吧？整封信果不其然還是變成亂碼了。」

男孩與女孩連繫上了，也開始兩人的不解之緣。

與生俱來的默契

一同前往美國念書的男孩與女孩，生活過得相當忙碌且充實，已在美生活多年的男孩，與初次出國長住求學的女孩，對他們而言，生活都是全新的開始。學期期間，兩人最常待的地點就是位在哥倫比亞大學的智慧女神像對面那美輪美奐的巴洛克式圖書館。

提到的智慧女神像，女孩剛到校園的第一件事，就是拉著男孩到女神像前找貓頭鷹，因為一個古老的傳說：每年第一個找到完整貓頭鷹的新生，就會以第一名之姿畢業。所以每次經過女神像，兩人都會不禁往雕像多看幾眼。在這座大城市裡，女孩感受到相當大的文化衝擊與沉重的課業挑戰，男孩也開始鑽研新的研究領域。

女孩每日一睜開眼就想往圖書館跑，一直待到關門。男孩看到女孩的認真與努力，也感到相當佩服，生活與課業上亦給予女孩很多幫助。而男孩上課時，女孩也會到男孩系上的圖書館等他下課，送上一杯咖啡與一條精力棒。忙碌的學生生活就在兩人互相支持與打氣中度過。

一日，他們倆一同待在圖書館的夜裡，女孩不經意的滑著手機，突然看到臉書上的朋友分享了一個有趣的心理測驗。在片刻休息的輕鬆心情下，女孩也點開心理測驗玩玩，做完後覺得滿有趣的，也邀請男孩來測，結果男孩說了他選擇的答案後，正要看結果時，女孩卻說：「不用點了啦，我知道那個結果是什麼，因為我剛剛也選一樣的答案。」兩個人不禁莞爾一笑，想說怎麼那麼巧，兩人剛好選一樣的答案。

正覺得有趣時，女孩打趣的說：「我們總不可能每一題或是每種不同的心理測驗都選一樣的答案吧？不然來測試一下。」便開始點了各種不同的心理測驗來試驗，結果不管是兩人輪流作答，或是分開作答，每一個測驗的結果，兩人都選了同一個答案。這樣來來回回測試了將近十個心理測驗，都得到一樣的結果。這實在很有趣也很神奇，玩心理測驗只是樂趣，但卻發生出乎意料之外的插曲。

他們與生俱來的默契，讓雙方又更加了解彼此。這也解釋了為何兩人經常不需太多言語，就能了解對方內心的想法，也總能適時給予彼此鼓勵與支持。

「信任」是人與人之間最重要的相處之道

出門就是為了要回家。看過了不同風景與體驗，走過一圈後才能了解最離不開的就是自己的家。

男孩與女孩一同在紐約奮鬥、互相扶持了幾年，對於異國生活漸漸熟悉與適應，但仍時常心繫家鄉的人事物。女孩曾說過，當初決定出國求學只是為了要充實知識與生活體驗，看看與家鄉不同的生活環境，以及試試自己的能耐。

男孩雖早已在美生活多年，他最懷念的仍然是童年在家鄉的好友們及生活，對男孩而言，雖然他的經歷或許能在美國獲得更好的發展，但他一直有更遠大的夢想，除了實踐夢想外，也期望自己能為社會做出更深、更廣的貢獻。

儘管兩人沒有討論過未來將在何處生活，但彼此有著絕佳的默契，也各自在心中尊重對方的決定。

女孩在學業告一段落後，決定回鄉投入競爭激烈的就業考試，這個僧多粥少的考場，必須全力以赴，分秒不能浪費。而男孩的學業仍不知道何時才會完成。對於即將到來的分離，兩人心中雖有不捨，但都尊重且祝福對方可以在學業與考試上能有最佳的表現。

於是兩人開始在不同的天空下，各自朝自己的目標努力。即便處在十二小時的時差與各自都繁忙的生活，兩人仍常有默契的在早上九點道「早安」，晚上九點說「晚安」「加油」「好好休息」。雖然沒有見面，他們仍然對彼此有信心，相信對方能在自己必須努力的領域上好好發展。

在美國少了女孩的陪伴後，男孩全心投入於學術研究中。越專心於學術殿堂中，越發現其中的艱澀，面對龐大的壓力，男孩開始擔心自己是否能完成學業、實現夢想，若無法達成，那該讓多少人感到失望呢？

壓力層層積累之下，一天，仍在實驗室裡卡關、無法突破的男孩又在研究室裡待到半夜，沮喪情緒也到頂點，男孩撥了電話給女孩。此時女孩正是工作繁忙的時刻，但在這不尋常的時間打電話過來，女孩知曉男孩必定遇到什麼事情了，便也不顧繁忙的工作，偷偷跑到辦公室外接電話。

男孩很沮喪，覺得自己無法完成研究，對自我能力感到懷疑，更擔心那些支持自己的人會失望。男孩問女孩：「我能不能放棄不念了？以後靠妳養我？」女孩聽完後很了解獨自在異鄉求學壓力之巨大，也了解此刻男孩情緒已緊繃到極點了，她靜靜聽完男孩的所有抱怨，因為正值上班時間，女孩最後告訴男孩：「你壓力太大了，先回家好好睡個覺。等你睡飽起來後，再思考你是不是真的想放棄。我相信以你的能力是可以完成研究的，遇到挫折是難免的，但我認識的你，一定可以讓自己過得很好，而且一定能完成夢想，我相信你。」

電話那頭的男孩難過的哭了，雖然情緒依舊低落，但還是回家了。幾天之後，他卡關許久的研究突然做出來了！對男孩與女孩來說，真誠的相信才是相處之道，遠距離根本不是考驗。

愛的力量

沒錯，上述的男孩就是我，而那位女孩就是我今世的情人，也就是我的太太。

若有人問我在海外求學曾遇到什麼重大挫折，我會說，在獲得指導教授認可以前，自己也曾無數次產生想要放棄的念頭。

至今還記得那個半夜三點的時刻，那段淚流不止的回憶，當時我拿起手機，撥打了一通視訊電話給自己今世的情人。

結束通話後，我非常緩慢地步出實驗室，在回住處的路上，我抬頭看了漫天的星星，在寂靜的校園中庭、智慧女神像旁坐了一會兒，就在那時，我靜下心來，知道自己還能堅持下去。之後的結果也如前面所提，我最終順利完成研究。

你是否曾有過那麼一瞬間，覺得身旁有一位關心你的人，而對方在你心中的地位比自己還要來得重要？

FAITH

後記

覺得人生「很難」的時候，屬於自己的「不難」時刻已緩緩到來

「你千萬不要在未來，成為一名只會叫的野獸。」

「你照著我的話去做，未來就會很有前途。」

「你不聽我的話，未來一定會後悔。」

這是我小時候經常聽到的話，也是一些有記憶點的話語。儘管在當下並不太懂這些話裡所代表的含義，但它們就是能在生命中留下記憶，而我仍舊能回憶起它們當時的前因後果，彷彿如同昨日一般。

在我好不容易歷經一切後，這些話語似乎卻又顯得如此雲淡風輕、微不足道。後來我才意識到，既不想爭第一，也不甘放棄的人，才是人生遊戲裡最能穩定輸出與茁壯的一名「人物」。

習慣孤單的孩子，可以回家了嗎？

「離家後，也曾兜了一圈又一圈，該是時候回家了。」

接受過不同的文化洗禮，體驗過不同風貌的人事物，終於習慣了美東的生活模式，但本質上，自己最眷戀的依舊是太平洋彼岸的家鄉，那遠勝於在美國的一切。

或許隨著成長，你也會被推得遠遠的、高高的，但卻也是因為成長，在有朝一日，你也會像我一樣，跟著自己的「初衷」，擺渡至想抵達的地方。

「初衷」是一種明亮的指引，牽引你往前邁進的方向。

對我而言，回家是不需要理由的。缺席數十年的農曆新年，從領紅包的小孩變身為發紅包的大人，現在還是兩個孩子的爹了。

記得在海外求學的那幾年，過著西方的萬聖節、感恩節、聖誕節，卻無法過自己最懷念的農曆新年：守歲、探險、看煙花，與親友們嘗著外婆準備的豐盛年菜、與家人吃著暖心的圍爐飯；中秋節與三五好友們在頂樓、巷口、祕密基地架設百元烤肉架，仰賴那小小的火種，搭配不斷揮舞的扇子點燃木炭。

在海外的每一天，自己引頸期盼的總是早日完成學業，回到自己的故鄉。習慣獨立的自己，本質上卻依舊是個怕孤單的孩子，喜歡周圍有家人、親友一起陪伴的感覺。

「初衷」告訴我，負笈海外求學就是要將所學帶回故鄉。既然一直期望從事的工作是大學老師，與其在國外教書，回家鄉任教當然更加有意義。引導學生發掘自己的能力，在幫助別人的過程中，了解自身價值所在，進而培養自信。期望你能從這本書，獲得更多勵志與正面的能量。

人生很難，懂得自己的人生力學就不難

從小被丟到異鄉，在金髮藍眼睛的世界裡，一名黑髮黑眼的少年，如何才能超脫那個環境，完成學業、獲得工作、在今日成為一名大學老師，順利養活自己和兩名娃兒？

二〇二〇這一年，我意外的被廣大社群媒體關注到了。其實，在大學任教的這幾年，我所做的只是相信自己能為社會做出一點貢獻，幫助我們所處的環境能變得更美好，被周圍的人所喜愛。

不論目前的你身在何處，是安定的城市或是最貧窮的角落，還是最富有的地區也罷，若不能喜愛自己所處的環境，環境也不會偏愛你。

我是洪瀞，出生於臺北，成長於臺中，一個不太熱也不太冷、四季宜居的城市。但如果你問我，對故鄉有沒有什麼特殊的情感或回憶，我會告訴你，其實一直到現在，我也還在摸索她對我的羈絆。

化腦海的聲音為你的致勝筆記

這本書能順利的完成，首先要感謝蕙婷、靜怡、怡慧、振宏，沒有與他們一同開啟第一次的會議，就沒有這本書，也沒有因為閱讀這本書而創作出屬於自己人生力學筆記的讀者們。

撰寫這本書時，我也非常感謝家人們能不厭其煩的閱讀我所寫出來的文字，特別是我今世的情人——岫君，她也是附錄彩蛋裡的主角。另外，當然也不能不提及我的前世情人——今年四歲的小童，她總是樂於接受我拋向她的許多問題，也總是能用非常天馬行空的方式，回饋神奇的想法給我。

至於另一位一歲的小童就不提了……我經常抱著他在電腦前慢慢打字。

我還要感謝學生們經常與我討論這本書的內文，還要謝謝故事裡頭出現的眾多好友們，尤其要特別感謝譽庭、麗安陪我花了大量的時間，一同激盪出非常多有趣的回憶、靈感與畫面。

感謝家中的長輩們，雖然他們總愛對我開玩笑，說我的中文能力只到國三的程度，能完成這本書確實是跌破了大家的眼鏡，不過，他們又不吝於誇獎我的創作，害我都搞不懂是在笑我還是誇我了。

既然這樣的我都能出版一本書了，那又有什麼事是你所不能做到的呢？

「寫吧寫吧寫吧！」

「一字一句的寫！」

「先從每日寫下一個字開始！」

此刻你應該聽到腦海中的聲音了吧？

那麼何不提起筆，為自己的人生寫下屬於你的致勝筆記呢？

Eurasian Publishing Group
圓神出版事業機構
用心與你對話・視野無限寬廣
圓神出版社
Eurasian Press

www.booklife.com.tw　　reader@mail.eurasian.com.tw

圓神文叢 284

自己的力學：找到喜歡又做得好的事

作　　者／洪瀞
照片提供／吳秉儒、黃家彥、謝慶煌、高岫君、蔡智丞
發 行 人／簡志忠
出 版 者／圓神出版社有限公司
地　　址／台北市南京東路四段50號6樓之1
電　　話／（02）2579-6600・2579-8800・2570-3939
傳　　真／（02）2579-0338・2577-3220・2570-3636
總 編 輯／陳秋月
主　　編／賴真真
專案企畫／沈蕙婷
責任編輯／歐玟秀・李靜雯
校　　對／歐玟秀・李靜雯
美術編輯／林雅錚
行銷企畫／詹怡慧・黃惟儂
印務統籌／劉鳳剛・高榮祥
監　　印／高榮祥
排　　版／杜易蓉
經 銷 商／叩應股份有限公司
郵撥帳號／18707239
法律顧問／圓神出版事業機構法律顧問　蕭雄淋律師
印　　刷／國碩印前科技股份有限公司
2020年12月　初版

定價 370 元　　ISBN 978-986-133-735-7

當想起夢想時，就是你成長的時刻，而被喚醒的夢想，其實也早已跟著一起成長茁壯，所以學有所成，並非遙不可及。

——《自己的力學：找到喜歡又做得好的事》

國家圖書館出版品預行編目資料

自己的力學：找到喜歡又做得好的事 /
洪瀞 著. -- 初版. -- 臺北市：圓神，2020.12
224 面；14.8×20.8 公分（圓神文叢；284）

ISBN 978-986-133-735-7（平裝）

1. 自我實現　2. 生活指導　3. 成功法

177.2　　109015255